Success15 fifteen

サクセス15
March 2014
3

http://success.waseda-ac.net/

CONTENTS

中1準備講座実施要項

日程 第2ターム…2/28(金)、3/5(水)、7(金)、12(水)、14(金)、19(水)

時間 東京・神奈川／ 17:00〜18:40
多摩・埼玉・千葉・つくば校／ 17:10〜18:50

費用 各ターム:(2科)9,000円 (単科)5,000円

会場 早稲田アカデミー各校舎(WACは除く)

※校舎により授業実施日・時間帯等が異なる場合があります。 ※詳しくは最寄りの早稲田アカデミー各校舎にお問い合わせください。

中1準備講座カリキュラム

英語 英語が必ず好きになる充実した授業

会話表現として学習することが多かった小学校での英語の学習を、高校受験に向けた英語の学習につなげていきます。中学校に入学したときにスタートダッシュができるように、発展学習では一般動詞の学習まで行います。早稲アカ中1準備講座で、英語の学習に差をつけよう!

標準：第1ターム／第2ターム
発展：第1ターム／第2ターム

	カリキュラム	内容
1	英語の世界へようこそ	アルファベット／単語の学習
2	身の回りの単語	単語の学習／冠詞／所有格
3	英語で文を作ろう	be動詞／thisとthat
4	英語で質問しよう①	What 〜?／or
5	英語で自己紹介	I am 〜. ／ You are 〜.
6	英語で友だちを紹介しよう	He is 〜. ／ She is 〜. ／be動詞のまとめ
7	様子をあらわす単語	形容詞／数字
8	英語で質問しよう②	Who 〜?／ Whose 〜?
9	英語で数えてみよう	名詞の複数形／How many 〜?／someとany
10	私はりんごを持っています①	一般動詞の否定文・疑問文(1人称・2人称)
11	私はりんごを持っています②	一般動詞の否定文・疑問文(3人称)
12	総合演習	be動詞・一般動詞の復習

数学 算数から数学への橋渡し!

中1で最初に習う『正負の数』から『方程式』までを学習します。中でも正負の数・文字式は、中1の1学期の中間・期末テストの試験範囲でもあります。算数嫌いだった人も数学がきっと好きになります。
中学受験をした人は発展カリキュラムで中1の内容を先取りします。

標準：第1ターム／第2ターム
発展：第1ターム／第2ターム

	カリキュラム	内容
1	正負の数①	正負の数の表し方・数の大小・絶対値
2	正負の数②	加法と減法、加減が混じった計算
3	正負の数③	乗法と除法、乗除が混じった計算、累乗と指数
4	正負の数④	四則混合計算、正負の数の利用
5	文字と式①	積と商の表し方、四則混合の表し方
6	文字と式②	数量の表し方、式の値
7	文字と式③	1次式の計算
8	文字と式④	文字式の利用
9	方程式①	等式の性質、方程式の解き方
10	方程式②	かっこを含む計算、小数・分数を含む計算、比例式
11	方程式③	文章題(数・代金・個数など)
12	方程式④	文章題(速さ・割合・食塩水など)

中1コース開講までの流れ

冬休み …… 1月 …… 2月 …… 3月 …… 4月

小6総まとめ講座 小学校内容のまとめ講座実施 → 中1準備講座 → 新中1学力診断テスト 保護者対象ガイダンス → 中1コース開講

先を見据えた習熟度別クラス

レベル別のカリキュラムだからしっかり先取りできる!

早稲田アカデミーの中1準備講座は習熟度別のクラス編成になっています。だから、自分のペースにあった環境でしっかりと理解し、先取り学習をすることができます。さらに、その先の難関高校合格や難関大学合格につながる学習環境を用意しています。中1準備講座で最高のスタートを切ろう!

英語
- 標準 ➡ 英語の勉強が初めての方。塾に通うのが初めての方。
- 発展 ➡ Kコースなどで英語の学習経験がある方。

数学
- 標準 ➡ 数学の勉強が初めての方。塾に通うのが初めての方。Kコース生の方。
- 発展 ➡ 中学受験をされた方など。

中1 新しい環境でスタートダッシュ。「本気でやる」習慣をつけます。

一人ひとりに講師の目が行き届く人数で授業を行うのが早稲田アカデミーです。中1ではまず学習習慣を身につけることが大切。一人ひとりに適切な指導をし、「本気でやる」姿勢を植えつけます。難関校受験へ向けて確かな学力を養成していきます。

S コース	選抜クラス 英数国3科	英語 数学 国語	月曜・水曜・金曜 東京・神奈川 19:00〜20:30 千葉 19:10〜20:40 多摩・埼玉・茨城 19:15〜20:45	授業料 18,300円
R コース	レギュラークラス 英数国3科	英語 数学 国語		授業料 18,300円
理社 コース	選抜クラス レギュラークラス	理科 社会	水曜・金曜 東京・神奈川 20:40〜21:30 千葉 20:50〜21:40 多摩・埼玉・茨城 20:55〜21:45	授業料 7,900円

※一部の校舎では時間帯等が異なります。
※Sコース、理社選抜クラスの設置は校舎により異なります。詳しくはお問い合せください。
※難関中高受験専門塾ExiVでは上記と実施日・時間帯等が異なる場合があります。詳しくはお問い合わせください。

中学入学前 スタートダッシュ！ライバル達に、差をつけろ!!

現 小6 対象

中1準備講座

2月・3月実施　中学内容先取り講座

小学校の英語とどう違うの?

はじめての定期テストの勉強の仕方は?

算数より数学って難しい?

早稲アカなら 偏差値40～50台の生徒が 難関校に合格できる!!

早稲田アカデミー イメージキャラクター
伊藤萌々香（フェアリーズ）

偏差値70以上が必要とされる

開成　国立附属　早慶附属 に

進学した生徒の中1当時の偏差値は

5割近くが40台～50台でした。

中1・5月までに入塾し、2013年入試で開成・国立附属・早慶附属高に進学した生徒の中1の時の偏差値分布

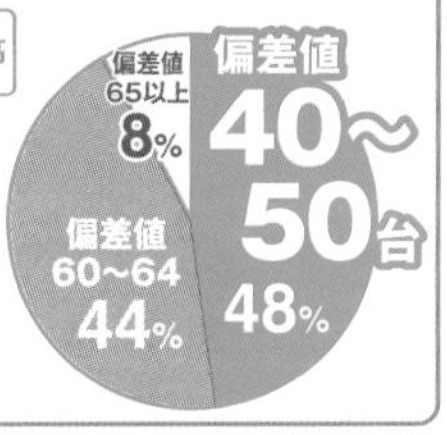

偏差値65以上が必要とされる（開成・国立・早慶高を除く）

私立難関　都県立難関 に

進学した生徒の中1当時の偏差値は

78%が40台～50台でした。

中1・5月までに入塾し、2013年入試で開成・国立附属・早慶附属高を除く偏差値65以上の難関校に進学した生徒の中1の時の偏差値分布

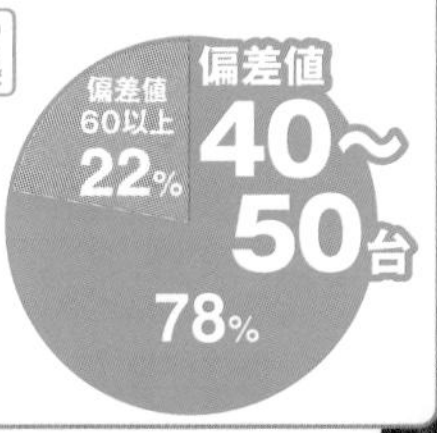

現小6対象 新中1学力診断テスト 無料

中学校へ入学する前に実力と弱点を把握しよう!

算数(数学)・国語・英語・理科・社会の定着度を総合的に診断します。

- ・到達診断テストⅠ（算数・数学）　40分
- ・到達診断テストⅡ（国語・英語）　40分
- ・到達診断テストⅢ（理科・社会）　40分
- ・新中1オリエンテーション　20分

3/21（祝）

会　場　早稲田アカデミー各校舎（WAC除く）

時　間　10：00～12：40

詳しい成績帳票で個別の学習カウンセリングを実施。成績優秀者にはプレゼントも!

※お申し込み・お問い合わせは、お近くの早稲田アカデミー各校舎までお気軽にどうぞ。

保護者対象 同時開催

新 中1ガイダンス 無料

情報満載！早稲アカが教えます。

- ・中1学習の秘訣
- ・普通の子が伸びるシステム
- ・部活と塾の両立のカギ
- ・地域の中学校事情や入試制度

3/21（祝）

※ガイダンスのみの参加も可能です。
※お申し込みはお近くの早稲田アカデミーまでお気軽にどうぞ。

早稲田アカデミー

お申し込み・お問い合わせは
最寄りの早稲田アカデミー各校舎または
本部教務部　03-5954-1731 まで

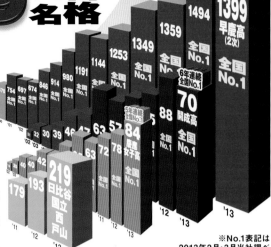

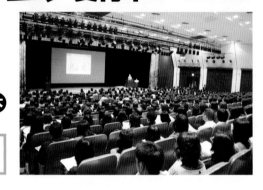

トウダイデイズ

現役東大生が東大での日々と受験に役立つ勉強のコツをお伝えします。

Vol.012

自分の将来について いまから少しずつ考えておこう

text by 平(ひら)

みなさんこんにちは。突然ですが、来月号から新年度が始まるので、このページの執筆者が替わります。冒頭で言うのもなんですが、読んでいただきありがとうございました。あと１回だけおつきあいください。

この時期はまだ受験が残っている人、すでに受験が終わった人など、状況は人それぞれだと思います。まだ試験が残っているみなさん、あともう少し頑張りましょう。受験が終わったみなさん、結果がまだ出ていない人もいるかもしれませんが、お疲れさまでした。

受験勉強を終えた人は、いま、どんな感想があるでしょうか。私は退屈なものがやっと終わったな、と感じた記憶があります。春休みが終わるころには知識は結構抜けてしまっていると思いますが、アルベルト・アインシュタインの「学校で学んだことをいっさい忘れてしまったときに、なお残っているもの、それこそ教育だ」という言葉のように、受験で得た知識をすっかり忘れてしまったころに残るものこそが、受験勉強から本当に得たものということなのかもしれません。

高校に入ってしばらくしたら、今度は大学受験が控えていますね。範囲は高校受験よりもひと回りもふた回りも広いですが、基本的な勉強のやり方は変わらないので、勉強方法で困ることは少ないでしょう。一方、大学受験は高校受験よりも将来に直結しているので、「自分が将来なにをしたいか」ということを考えなくてはなりません。それを考えるのを大学卒業まで先送りにすることもできますが、大学生活というのは束縛が緩く、油断しているとあっという間に４年が過ぎてしまうので、なんとなくでもいまから将来のことを考えておくといいと思います。もちろん高校生活そのものを楽しむのも大事ですから、部活や生徒会など、挑戦したいものがあればやってみましょう。長いようで短いような高校での３年間に「自分はこれをした」と言えることが１つあればそれだけで価値があります。

ちなみに、東大にも将来像をはっきり決めている人と、まだぼんやりしている人とがいます。東大には進学振り分けというシステムがあるので、やりたいことが決まっていない人は先延ばしにしやすいのです。逆に、勉強したい分野があっても点数が足りないと希望学科に進めないので、勉強したい分野とあまり関係ない教科も真面目に勉強しなくてはならず少し大変です。

さて、これから高校受験を控える中学１・２年生の方向けに、来年度についてのお話をしましょう。

高校受験に限らず、勉強は知識を頭で覚え、パターンを身体で覚えることにつきます。学校のレベルにもよりますが、中２まで真面目に勉強していれば、中３の１年をすべて勉強に注ぎ込まなくても、志望校の合格圏内に入れるはずです。受験勉強とは手段としての勉強ですので、やるときはできるだけ集中した方がいいですが、ほかの楽しいことを犠牲にしない方がいいと思います。目的意識を持ち、行きたい高校を狙うモチベーションを失わないよう気をつけてください。

最後になりますが、みなさんのこれからがよいものでありますよう祈っています。１年間読んでいただき、ありがとうございました。

▶▶▶頭で知識、身体でパターンを覚えるのが受験勉強の鉄則

どんなことをしているの？

高校生の個人研究・卒業論文

千葉県立千葉高等学校

中央大学杉並高等学校

神奈川県立
横浜緑ヶ丘高等学校

「個人研究」や「卒業論文」と聞くと、「大学でやることでしょ？」と思う人もいると思いますが、じつは高校でも、全員必修のカリキュラムとして取り入れている学校があります。高校で行う「個人研究」や「卒業論文」とは、一体どんなふうに、どんな内容で取り組んでいるのか、３つの学校の取り組みについてご紹介します。

千葉《ちば》県立 **千葉《ちば》高等学校** 千葉 公立 共学校

千葉高ノーベル賞

大学で役立つ技術を身につけ 人間としての総合力も高める

❶ 千葉高ノーベル賞授賞式
❷～❹ 全体発表会では、各分野ごとに会場が設定されていて、生徒は興味を持った研究内容の会場に移動します。

2年半をかけて研究を進めていく

千葉県立千葉高等学校では、1年次の1学期中間試験が終わると、総合学習の時間を使って「千葉高ノーベル賞」のための研究が始まります。

「本校は、大学や大学院で研究的な分野に進む生徒が多くいます。ですから、『研究』とはどういうものか、テーマの設定、研究の進め方、論文のまとめ方、プレゼン方法などを大学に進む前に学んでおくことも大切だという考えと、研究を進めていく過程で、受験勉強とはまた違った、社会に出てから通用する総合力を身につけてほしいということが『千葉高ノーベル賞』の趣旨としてあります。」(学習指導部長の末永明先生)

生徒それぞれが、「人文科学」「社会科学」「自然科学」「スポーツ・芸術」の4つの分野のなかから研究テーマを決めて、3年生の1学期までの約2年半をかけて研究活動を行います。個人研究でテーマは自由。生徒によっては途中でテーマを変更することもあります。

テーマが決まると、そのテーマによって「顧問」となる先生も決まります。1年生の間は、研究のためにはどんな本を読めばいいのか、どんな勉強をすればいいのか、といったことを顧問と話しあいながら進めていくことがメインの活動です。

どうやって自分のテーマに近い顧問の先生を見つけるか、ですが、これは、各先生がそれぞれ担当できる内容をまとめた冊子を1年生の各教室に配付し、それを生徒が見るという形がとられています。多い先生の場合は、1人で20人以上を担当することもあるそうです。

同じ先生を顧問とする生徒たちを1つのグループとし、ときにはそのなかから共同研究をする生徒も出てきます。

もちろん、簡単にテーマを見つけることができない生徒も出てきます。そういった生徒も、担当の先生などのアドバイスを受けながら、遅くとも2学期が始まるまでには決定していきます。

この過程も貴重な学びの機会になると末永先生は言います。

「自分が興味を持っていることは

千葉高ノーベル賞への道

1年

テーマ設定（６月ごろ〜２学期初頭）

↓

テーマについて知識を深める
読書、インターネットetc…

2年

研究方針を立て、研究を進める
フィールドワーク、
インタビュー、
アンケートetc…

↓

中間発表
（時期はさまざま）

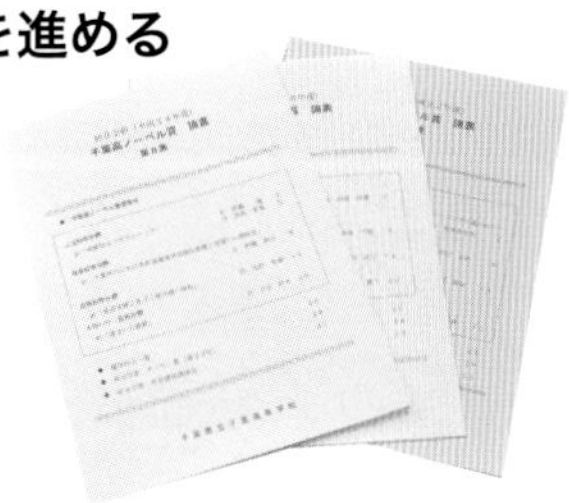

全体発表会に進んだ優秀作品は、毎年「千葉高ノーベル賞　論叢《ろんそう》」にまとめられ、卒業日の前日に３年生に配られます。

3年

研究をまとめグループごとに最終発表（６月）

↓

優秀作品は
全体発表会へ（９月）

↓

千葉高ノーベル賞決定!!

2013年度（平成25年度）の受賞者

テーマ一例

人文科学分野

『コミュニケーション能力を向上させるには…？』
『カフカ「訴訟」をめぐる考察』
『自分（心・自我）とは何か？』
『老人ホームでのボランティア』

社会科学分野

『小江戸について』
『千葉県内における鉄道運賃が高額な路線と地域の関係性』
『邪馬台国はどこにあったか』
『軍医療面から見た旧日本軍の衰退』

自然科学分野

『テンセグリティ』
『風洞実験に基づいた飛行機の開発』
『検非違使忠明』
『ペットボトルロケットの研究』

スポーツ・音楽分野

『絶対音感について』
『速さへの挑戦』
『ベートーヴェンのピアノ・ソナタ「悲愴」の独創性に対する彼の心理の分析』
『お絵かき上達法』

なんなのか、本を読んだりしながら、それをじっくりと考えていくプロセスも生徒にとっては意味があります。」

　２年生になると、１年生の間に行ってきた基礎研究をもとに、自分の研究方針を組み立てて、具体的に研究を進めていきます。仮説をもとに実証してくためにフィールドワークをするのか、アンケートをとるのか、インタビューを行うのか、といったことも決め、アポイントメントが必要な場合は、それも生徒自身の手で行っていきます。３年生の６月に最終発表があるため、研究は基本的に、２年生の間にある程度まとめることになります。

文系・理系にとらわれない研究テーマも多い

　６月に各顧問についている生徒のグループ間で最終発表があり、そのなかでとくに優れた作品が９月の「全体発表会」で発表され、４分野それぞれ１作品ずつが「千葉高ノーベル賞」を受賞します。

　受賞した生徒の作品は、どれも先生方が驚かされるレベルのものばかりで、「これを調べてみたら？　とアドバイスすると、あとから『そんなに調べたの？　そんなにできるの？』とこちらがびっくりさせられるぐらいに調べる子もいて、毎年生徒の成長が実感できます」と末永先生。

　文系・理系の垣根を越えた研究をする生徒が多いのも特徴です。

　例えば２０１３年度受賞研究の『検非違使忠明』（田村さん・自然科学）は、古典の教材『検非違使忠明』の内容に興味を持って研究がスタートし、その実証を物理を使って行うというもの。田村さんは理系クラスの生徒ですが、研究の入り口は文系的な興味が基になっています。

「テーマも自由ですし、文系・理系にとらわれない発想から研究を進めていくことが総合力を高めることにもつながります。」（末永先生）

　千葉高ノーベル賞は、単なる調べ学習にとどまりません。２年半という期間をかけながら、生徒自らが考えて決めたテーマについて研究を行い、その過程で人間としての幅を広げることもできるのです。

中央大学杉並《ちゅうおうだいがくすぎなみ》高等学校

東京 私立 共学校

卒業論文

高校で培った読む力・伝える力を形にする国語科の卒業論文

❶ 1・2年生の国語の授業で取り組むワークショップ。これはアイデアをふせんに書き出したものを、論証の形に整理していく作業。

❷ 卒業論文の原本は年度ごとに製本されます。これまでの論文は図書室に保管され、生徒は自由に閲覧することができます。
❸ 高3の2学期に行われるプレゼンテーション。クラス全員の前で自分の研究を発表します。

課題の発見から論証まで一連の流れを体験できる

高校3年次の春から秋までの半年間をかけて取り組む中央大学杉並高等学校の卒業論文。原稿用紙15枚程度、文字数にして6000字ほどの論文を全員が執筆します。

特徴は、国語科のカリキュラムとして行われていること。中央大学杉並の国語の授業では、高校3年間をかけて読む力・伝える力を養うことがめざされており、卒業論文の執筆はその集大成にあたる課題といえます。

卒業論文完成までの流れを見ていきましょう。まず、1・2年生では、国語の授業時間のなかでさまざまなワークショップが用意され、卒業論文を書くために必要となる思考プロセスや論述を組み立てる力を、2年間かけてしっかりと育んでいきます。

本格的に卒業論文に取り組み始めるのは2年生から3年生に進級する春休みごろからです。まずは、4月中に論文のテーマを決めます。テーマは自由ですが、国語科の取り組みということもあり、例年人文科学や社会科学に関する内容が多くなっています。

テーマが決まったら、いよいよ作業に入ります。1学期末までに論文の第1章を書きあげることを目標に取り組み、その後夏休みを使って初稿を完成させます。

2学期には、クラス全員の前でプレゼンテーションを行います。自分の論文の概要を簡潔にまとめて発表し、ほかの人の意見を聞くことを通じて論文の完成度を高めていきます。こうして、2学期は初稿の推敲《すいこう》を進め、11月上旬の提出をめざして仕上げていきます。

お話を伺った国語科の齋藤祐先生は「本校の卒業論文は、生徒自身が課題の設定から論証、執筆、完成までを自分の力で取り組んでいく、探究型の学習にあたります。時代の要請とも言える、自ら課題を発見し、その解答を論証してまとめる力の育成をめざしています。こうした力は大学進学後それぞれの専門分野で活躍する際に必要となりますので、卒業論文執筆作業を通じてまずは論証する過程をしっかりと身につけてほしいと考えています」と話されました。

中央大学杉並　卒業論文

特徴：国語科のカリキュラムとして行われています。
形式：原稿用紙15枚程度（文字数で6000字程度）。テーマは自由。パソコンを使って書きあげます。

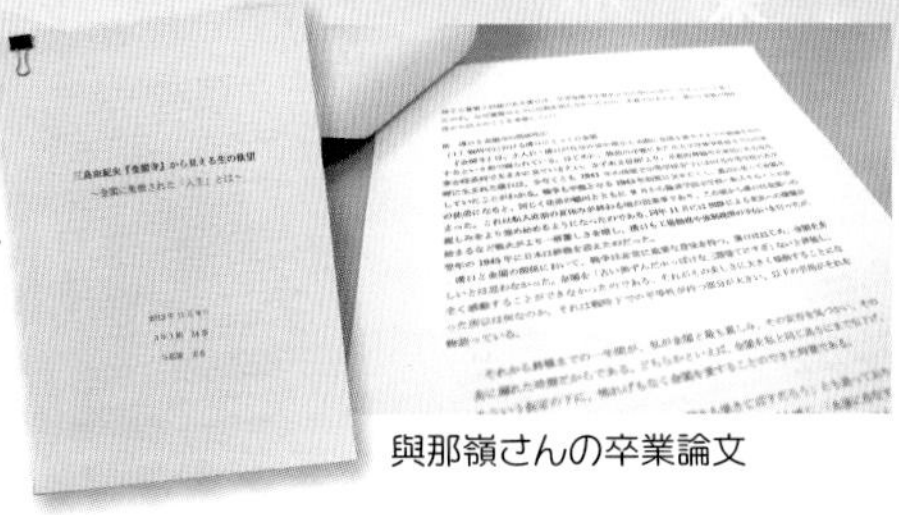

與那嶺さんの卒業論文

生徒に配付される全員ぶんの卒業論文の概要をまとめた『要旨集成』。優秀論文は巻頭に全文が掲載されます。

『要旨集成』に掲載された昨年度の優秀論文より。このようにグラフを活用した論文もあります。

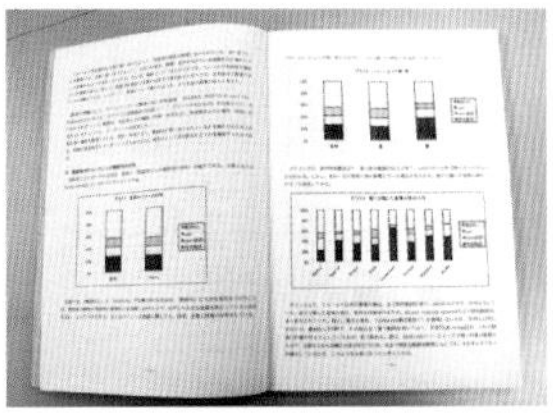

テーマは自由なので、自分が興味のあることに取り組むことができます。人文科学や社会科学のものが多いですが、数学や理科の内容で書くこともできます。

今年度の卒業論文タイトル

＊障害者雇用の現状と展望
＊在宅医療における地域ネットワークの重要性
＊遠藤周作『海と毒薬』の世界
＊男性の育児休業取得の有用性
＊『世界の終りとハードボイルド・ワンダーランド』における寓話空間
＊「子どもの貧困」の実態と支援策
＊日本で尊厳死法を制定する際目指すべき方向性
＊フェアトレードを広めるために
＊夕暮れの『羅生門』論

他

卒業論文制作の流れ

1～2年

国語の授業時間のなかで、さまざまなワークショップが用意され、卒業論文を書くために必要となる力をつけていきます。

3年4月

テーマ決定

先生のアドバイスや、先輩の書いた論文などを参考にしながらテーマを決めていきます。

夏休み

初稿作成

夏休みを使って初稿を書きます。パソコンを使った論文制作の方法は授業のなかで学びますし、4月に配られた『卒業論文ガイド』に書き方やポイントが詳しくまとめられています。

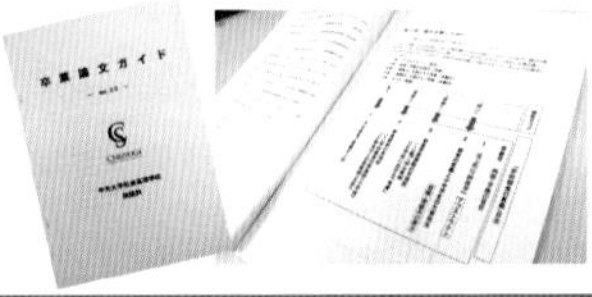

9～10月

プレゼン

概要をクラス全員の前で発表します。友人の発表を見て刺激を受けたり、質疑応答で問題点に気づかされたりすることもあります。

推敲

完成に向けて推敲を重ねます。

11月

完成！

語彙力や文章力の上達を感じた卒業論文

與那嶺《よなみね》 実希《みき》さん（高3）

Q どんな論文を書きましたか。

A 私は、「三島由紀夫『金閣寺』から見える生の欲望～金閣に象徴された「人生」とは～」という論文を書きました。『金閣寺』の小説は1950年の金閣寺放火事件がモデルになっているので、その実際の事件と小説の違いを比較しながら、三島由紀夫が小説でなにを伝えたかったかを考えました。

Q そのテーマを選んだ理由を教えてください。

A 最初は社会科学系の内容にしようと思ってテーマを探していましたが、あまりうまくいかず、先生から文学で書くことをすすめられたのがきっかけです。

課題図書で『金閣寺』を読んだことがあったので、このテーマに決めました。

Q どのように論文作成を進めましたか。

A 一番大変だったのはテーマを決めるときでした。夏休みに初稿を書くのでそれまでに決めなければいけないんですけど、一度決めて文章を書き始めてしまうとそこから変えるのは難しいので、とても慎重になりました。

文章を書くのは好きなので、書き進めることはそれほど大変ではありませんでした。内容については、参考文献をメインに、インターネットや新聞などの資料を活用しながら調べていきました。次第に少しずつ研究が進んでいく過程がおもしろかったですね。

集中して行うタイプなので、夏休みに卒業論文に取り組んだのは10日程度でしたが、やるときは1日中集中してやっていました。夏休みでほとんどできあがっていたので、2学期は細かい部分の修正にあて、完成させました。

Q やり終えた感想を教えてください。

A 語彙《ごい》が増えたと感じました。また、論文作成作業を通して辞書を引く機会が増え、言葉の使い方や文章の組み立て方なども以前よりうまくなることができたと思います。

神奈川県立 **横浜《よこはま》緑《みどり》ヶ《が》丘《おか》高等学校** 神奈川公立共学校

課題研究論文

総合学習の一環として幅広い視野と主体的に学ぶ姿勢を養う

❶テーマ別研修・考古学セミナー「まが玉づくり」
❷テーマ別研修・東京証券取引所見学
❸「論文見学会」では先輩の論文を見学して、1、2年生で作成する論文のお手本にします。
❹「中間発表会」ではグループの代表者約50人が模造紙やパワーポイントなどを使って発表をします。

3年間の活動を通して1人ひとりが成長する

1~3年次まで継続した総合学習を行い、その一環として課題研究論文の指導を行っている横浜緑ヶ丘高等学校。総合学習が導入されるにあたり、生徒に学びの場を提供し、深く研究していく力を身につけてほしいという目的のもと、この取り組みが始まりました。

総合学習は芸術文化・国際教養・社会科学・人間科学・環境情報の5つの部会（分野）にわかれて進んでいきます。

生徒に広い視野を持ってもらおうと、1・2年生の夏には「テーマ別研修」が行われます。各部会の教員が工夫を凝らし、2013年度（平成25年度）は7・8月に合わせて76もの講座を開講しました。生徒は好きな講座を1つずつ選択し、1・2年で合計4回の研修に参加することで、視野が広がり、学ぶ意欲が刺激されます。9月には3年生が書いた論文を見学する「論文見学会」が行われます。

これらの取り組みを経て、2年生の後期から課題研究が始まります。生徒が設定したテーマは5部会のどれかに分類され、担当教員のもと論文の概要をまとめたレジュメを作成していきます。教員総出で指導にあたるため、1人の教員が受け持つのは6~7人の生徒で、彼らは1年間グループとして活動します。レジュメ作成後は、グループごとに「調査研究報告会」を行い代表者を1名選びます。各グループの代表者は「中間発表会」で研究の成果を発表します。

3年生になるといよいよ論文の作成にとりかかります。レジュメをもとに、4000字の論文を仕上げたら、「論文研究報告会」をグループごとに行い、1人ひとり研究の成果を発表します。

「グループ学習のなかで生徒と接していると、論文を仕上げていくという総合的な学習の取り組みのなかで、自分の視野を広げ、知識を深めていき、新たな発見と主体的な学習へ向かう力を得ていく成長に、目を見張らされるものがあります。こうした活動により培われた力は、生徒の今後の人生でも活かされると信じています。」（お話を伺った平坂まゆみ先生）

課題研究論文完成までの流れ

年間スケジュール、テーマ例など、さまざまなことが載っている総合学習の虎の巻。

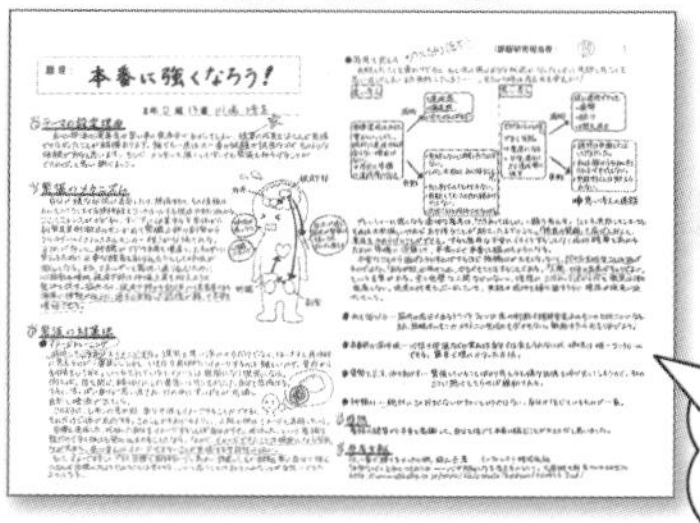

川嶋さん作のレジュメ。絵も描かれていてかわいい仕上がりです。

完成!!

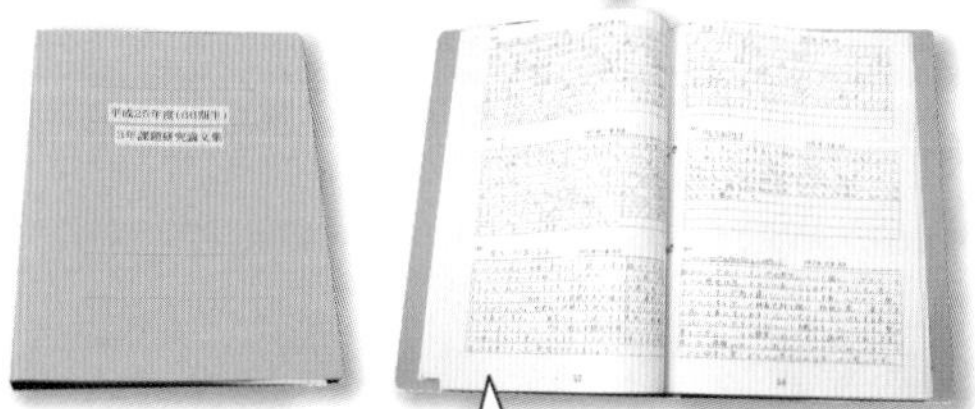

各自が200字以内で論文の主旨を書いたものは論文集としてまとめられます。論文集は各クラスに配付されます。

1年
- テーマ別研修
- 論文見学会

2年
- テーマ別研修
- 論文見学会
- テーマ決定
- レジュメ作成開始
- 調査結果報告会
- 中間発表会

3年
- 論文作成開始
- 課題研究論文報告会

テーマ別研修の一部

＊劇団四季や歌舞伎、落語などの芸術に触れる講座

＊日銀、JICA横浜、子ども療育センター、資生堂工場、鉄道総合研究所、テレビ朝日など普段なかなか入ることができない施設を訪問する講座

＊伝統模様のお皿づくり、応急手当・テーピングの仕方を学べる体験型の講座

上記のほかにも豊富な種類の講座が開かれています。

課題研究テーマ例

・あなたの知らないバレエの世界
　～英国ロイヤルスタイル～
・ゆるキャラの効果
・踊る大捜査線が15年続いたわけ
・妖精についての研究
・夢の超特急半世紀の進化
　～弾丸列車はどこまで速くなる？～
・環境問題には「ウソ」がある
・どうして私にしっぽがないのか
・食べ放題　儲けのTRICK
・世界に認められる日本の建築と建築の美

など生徒の数だけテーマがあります。

研究を通して自分自身本番に強くなった

川嶋《かわしま》　晴美《はるみ》さん（高3）

Q　テーマを「本番に強くなろう」にした理由を教えてください。

A　管弦楽部に所属しているのですが、たくさん練習したはずなのに、演奏会では練習の成果を出せずに終わってしまうことが多かったんです。これには緊張が関係していると思い、本番に強くなるためにはどうすればいいのか、緊張について研究することにしました。

Q　研究はどう進めましたか。

A　まず、図書室で参考になる本を探しました。「本番に強くなる」ということが直接書かれた本はなかったので、スポーツ選手が行っているメンタルトレーニングについて書かれた本などを参考にまとめていきました。

Q　研究中大変だったことはありますか。

A　テーマを決めるのが一番大変でした。テーマ決定期限のギリギリまで悩んで、やっと決めました。

テーマ決定後はわりとスムーズに論文作成にとりかかりましたが、4000字まであと少しというところで、筆が止まってしまいました。そんなとき、友だちの研究からヒントを得て、残りの部分を完成させることができました。

Q　研究の感想を教えてください。

A　テーマ別研修では、普段自分が行かないようなところに行くことができて、視野を広げられました。

課題研究では、グループの代表者として中間発表も行ったので、調べるだけで終わるのではなく、どうしたら伝えたいことがうまく伝わるのかということを考えながら準備したり発表したりする力が身につきましたし、発信する力の大切さも学べました。中間発表会は緊張してしまうかなと思ったのですが、研究のかいあってか、スムーズに終えることができました。みんなも真剣に聞いてくれて嬉しかったです。

好きなら挑戦！

理系 知識を活かしたコンテスト

中学生のみなさん、身につけた理系の知識を活かして、コンテストに参加してみませんか？色々なコンテストがあるので、好きな分野、得意な分野がきっと見つかると思います。14、15ページでは、モーターや回路などの知識が活かせるロボットコンテストを、16ページではさまざまなコンテストを紹介するので、気になるものがあったら、ぜひチャレンジしてみましょう！

創造アイディアロボットコンテスト

全日本中学校技術・家庭科研究会が主催する「創造アイディアロボットコンテスト」は、中学生を対象に行われる技術・家庭科の技術分野におけるコンテストです。ロボット製作により創造性を伸ばし、知識・技能を高めることを目的として実施されています。

コンテストは授業部門・応用部門・映像作品部門の3部門に分かれ、それぞれ地区大会・ブロック大会を経て全国大会へと出場することになります。２０１３年度（平成25年度）の全国大会は、２０１４年1月25日に競技、26日に表彰式が行われました。

授業部門は授業で製作した小型ロボットの対戦、応用部門は授業で身につけた知識や技術を活かして作られた授業部門よりも少し高度なロボットの対戦が行われます。そして映像作品部門はダンスなどロボットのパフォーマンスを映像で発表します。

授業部門と応用部門は対戦形式なので、得点により勝敗が決まります。しかし、コンテストの最高栄誉である「ロボコン大賞」は、この競技の順位とは別に、製作におけるアイディア、操縦の技能、そして生徒たちの取り組みが高く評価されたチームに贈られます。

これは、大会のスローガンが「得点至上主義に走らず、発想や製作技術・努力を評価し合おう！」となっているからです。勝てばいいという姿勢ではなく、製作過程での生徒たちの工夫や創造力がこの大会では大切に考えられています。

では、いったいどのようなロボットが出場し、どのような競技が行われているのでしょうか。今回は応用部門を少しのぞいてみましょう。

競技コート。丸印はビックリドッキリメカ設置場所。

今年度の応用部門のテーマは「Shooting Star」、流れ星です。写真のようなコートで競技は行われます。ルールを見てみましょう。

・競技時間：2分30秒
・ロボット：メインロボット1台（開始時40㎝×40㎝×40㎝、開始後は変形可）、ビックリドッキリメカ1台（大きさは自由）
・参加人数：操縦者2名、アシスタント2名

それぞれのエリアに用意されている40個のボールを、メインロボットを操作して相手のエリアに送り込みます。ビックリドッキリメカはメインロボットに搭載して所定のエリアに設置します。このメカは、防御や攻撃のサポートなど機能は自由に作ることができ、試合開始後1度でも作動すれば得点になります。その得点と試合終了後の相手チームエリアのボールの数で勝敗が決まります。また、試合時間残り30秒以降に、すべてのボールを相手エリアに送り込むことができた場合は、その時点でパーフェクトゲームとなります。

ボールを星に見たて、流れ星をたくさん投げ込んで流れ星を作ろうというのが今回の応用部門の競技です。

主　催：全日本中学校技術・家庭科研究会
〆　切：都道府県により異なる
問い合わせ：http://ajgika.ne.jp/~robo/
（全国大会公式ページ）

埼玉県越谷市立《さいたまけんこしがやしりつ》 栄進《えいしん》中学校 チーム『くじら』

前列、中田 直樹《なかだ なおき》先生。後列左から、中林 佳祐《なかばやし けいすけ》さん(3年生)、太田 颯貴《おおた そうき》さん(3年生)、矢野 真也《やの しんや》さん(3年生)、加藤 朋伎《かとう ともき》さん(3年生)、岩山 柊《いわやま しゅう》さん(3年生)、三田 大輝《みた だいき》さん(2年生)。

ロボット「くじら」。左下にボールを飛ばすローラーがついています。右側のしっぽ部分ではボールを集めます。

2010年度(平成22年度)大会で「ロボコン大賞」に輝いた埼玉県越谷市立栄進中学校は、今年度も応用部門で4年連続となる全国大会への出場を果たしました。

栄進中では、2年生の技術の時間に3〜4人の班でロボットを製作します。そして、2年生の終業式の日にロボット対抗のトーナメントを行います。クラストップ、学年トップを決め、そのなかから優秀なメンバーを集めたのが今回のチーム「くじら」です。

6人は9月の下旬から120時間以上もの時間をかけてロボット「くじら」の製作に取り組みました。これほど打ち込めるロボット製作の魅力とはなんでしょうか。リーダーの矢野さんに聞きました。

「チームで協力してロボットを完成させたときの喜び、そして試合で勝ったときの感動はいまでも忘れられません。ロボットを製作することで、もの作りの楽しさも学ぶことができます。」(矢野さん)

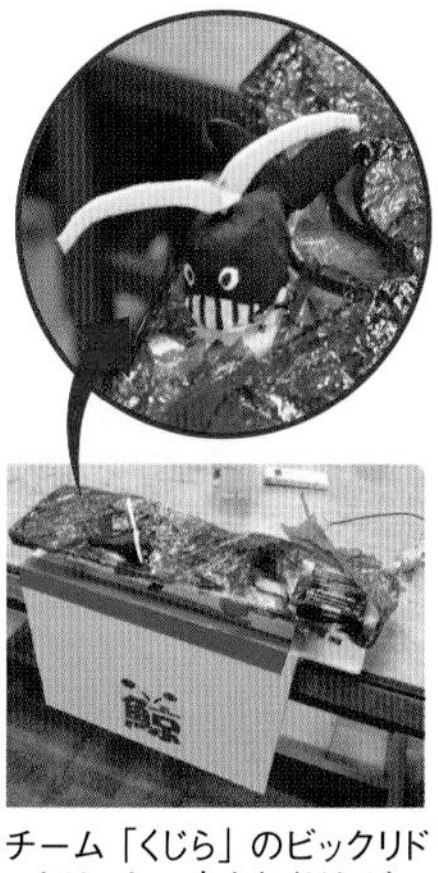

チーム「くじら」のビックリドッキリメカ。小さなくじらがついています。

生徒が授業で制作したロボット。

小さなくじらの応援

各校の個性が発揮されるビックリドッキリメカ。チームくじらのメカは小さなくじらです。防御や攻撃のサポートはしませんが、スイッチを押すと潮を吹いているように、頭の上のプロペラが回ります。その姿はメインロボットを一生懸命応援しているようで、とても可愛らしいです。

「下側にスイッチを作って、所定のエリアに置くだけで確実に作動するようにしました。小さなくじらは紙粘土で作ってあります。このように普段しないようなもの作りができるのもロボコンの魅力です。」(太田さん)

1月25日に行われた全国大会の様子。チーム「くじら」はベスト4に入賞し、全国中学校産業教育教材振興協会賞を受賞しました。

くじらってどんなロボット?

くじらはおもに木や発泡スチロール、アクリル板など学校にある材料で作られています。

「お金をかけて強くするのではなく、廃材も利用するなど制作費をかけていないロボットでも試合を勝ち抜いていけることを、くじらは証明しています。」(三田さん)

くじらは、口としっぽの2カ所を使ってボールを集め、そのボールを上から飛ばして相手のエリアに送り込むことができるロボットです。また、ポンポンとリズミカルにボールを飛ばす姿は、まさにくじらの潮吹きのようで、見ている方も楽しくなります。

「円盤型のローラーとアクリル板の間を通すことによってボールを上にはじき出し、防御されにくい高い位置から飛ばすことができるようになりました。」(岩山さん)

すくったボールを落とすことのないようにボールを回収する部分には滑り止めを使うなど随所に6人の工夫が感じられます。

「1人のアイディアではなく、それぞれがきちんと考え、みんなで意見を出しあうからこそいいロボットができます。」(加藤さん)

このように工夫を凝らして完成させたくじらですが、全国大会へ向けてさらに改良が続けられました。

「以前はボールにバックスピンをかけて1バウンドしたら手前へ戻るようにしていましたが、大会のルールが変更され、エリア外に出た方が有利となりました。ボールを飛ばすまでの軌道を前後逆にすることで、ボールの回転が以前と逆になり、着地したら外へ飛んでいくように改良することができました。」(中林さん)

改良を続け、さらにいいロボットをめざす6人。くじらには最後まであきらめない気持ちが込められています。

理科全般

主催:国立局地研究所

中高生南極北極科学コンテスト

〆切:毎年9月ごろ

南極または北極で実施したいオリジナルの研究・実験・調査を中高生から募集するコンテスト。しかも、南極科学賞と北極科学賞を受賞したものは、実際に南極・北極で観測隊や研究グループが実験または調査をしてくれるんだ。グループ応募もできるので、友人といっしょに考えるのもいいね。

問い合わせ
042-512-0655

地学

主催:NPO法人
地学オリンピック日本委員会

日本地学オリンピック

〆切:毎年9月～11月中旬ごろ

予選は12月。高校レベルの地学知識が問われるが、中学生も参加可。また、国際地学オリンピックの予選も兼ねている。ホームページ上で過去問が公開されているので、興味がある人は見てみよう。主催団体は、小・中学生を対象とした「地球にわくわく小・中学生自由研究コンテスト」も実施している。

問い合わせ
URL:http://jeso.jp/

まだまだあるぞ!

理系 知識を活かしたコンテスト

今回紹介するもののほかにも、理系知識が役立つコンテストはたくさんあるので、興味ある分野のコンテストを自分で探すのもおすすめです。

化学

主催:「夢・化学-21」委員会・
公益社団法人日本化学会

化学グランプリ

〆切:毎年4月～6月ごろ

参加者に化学の新しい一面を知ってもらおうと工夫された問題が出されるのが特徴的で、マークシート形式の一次選考、実験から得た結果を記述する二次選考と続く。2013年度の大会では中3～高2の参加者のなかから約20名が国際化学オリンピックの代表候補に推薦された。

問い合わせ
URL:http://gp.csj.jp/
TEL:03-3292-6164

物理

主催:特定非営利活動法人
物理オリンピック日本委員会(JPhO)

全国物理コンテスト物理チャレンジ

〆切:申込2014年4月1日～郵送5月25日(日)/オンライン5月31日(土)

物理好きにおすすめなのがこちら。「高校物理」を履修していなくても挑戦できるので、中学生でも参加することが可能だ。「理論問題コンテスト」と「実験課題レポート」による第1チャレンジと、「理論」と「実験」のコンテストを行う第2チャレンジがある。

問い合わせ
http://www.jpho.jp/

生物

主催:国際生物学
オリンピック日本委員会(JBO)

日本生物学オリンピック

〆切:毎年4月～5月ごろ

予選では基礎から応用までさまざまな問題が出題される。試験のほか、生物学研究者の講演や、参加者同士の交流会なども催される本選は、毎年3泊4日程度の合宿形式で実施されている。本選で優秀な成績を修めると、国際生物学オリンピックの代表選抜試験の参加資格を得る。

問い合わせ
URL:http://www.jbo-info.jp/
TEL:03-3212-8518

地学

主催:公益財団法人　益富地学会館

益富地学賞

〆切:毎年9月中旬ごろ

京都にある石の博物館、益富《ますとみ》地学会館が主催し、地学(地球科学)に関する理解を深めてもらうことを目的に、研究論文などの募集を行っている。天文・気象を除く地学を対象とした研究で未発表かつ独自のものが対象。夏休みの宿題・自由研究・クラブ活動の研究などで挑戦してみてはいかが。

問い合わせ
URL:http://www.masutomi.or.jp/
TEL:075-441-3280

理科全般

主催:科学技術振興機構(JST)

科学の甲子園ジュニア大会

2014年11月下旬～12月上旬開催予定

全国の中学生が、科学と実生活のつながりに気づき、科学を学ぶことの意義や楽しさを実感できる場を提供することを目的として、2012年に創設された科学の甲子園ジュニア大会。各都道府代表チームが全国大会で競いあう。筆記競技と実技競技が行われ、合計点により優勝が決まる。

問い合わせ
03-5214-7053

化学

主催:大阪市立大学・大阪府立大学・
読売新聞大阪本社

高校化学グランドコンテスト

〆切:毎年7月～9月ごろ

化学に関する自主的な研究や実験をまとめて応募するコンテスト。応募は個人でもグループでも可能で、文部科学大臣賞をはじめとする数々の賞が用意されている。ちなみに2013年の第10回大会では「自作のパッシブサンプラーによる大気中のオゾン濃度測定」という研究が文部科学大臣賞を受賞した。

問い合わせ
URL:http://www.gracon.jp/
TEL:06-6605-3504

1月24日時点で新しい年度の〆切日が発表されていないコンテストに関しては、例年の〆切日を掲載しています。

精神科医からの処方箋

子どものこころSOS

大人の知らない「子どものこころ」。そのなかを知ることで、子どもたちをめぐる困難な課題を克服する処方箋を示唆。気鋭の精神科医・春日武彦が「子どものこころ」を解きほぐし、とくに受験期に保護者がとるべき態度や言動をアドバイスします。

A5版　224ページ
定価　2,100円（税込）
ISBN4-901524-80-1

精神科医
春日 武彦　著

「率直に言って、受験を迎えるお子さんがいるご家庭においては、親子ともに『こころの健康マネージメント』が必要だと感じています。しかし、これを実際におこなっていくのは、なかなかむずかしい。本書は、現実生活のなかでどう対応したらよいのかを、学説や教育論ではなく、こころに届く絶妙な筆致で綴った得難い一冊です」
（教育評論家・森上展安）

子どもの
こころ？

受験期には
どう接すれば
いい？

子どもと
うまく
つきあいたい

★ご注文方法
本書は一般書店にてお買い求めになることができます。万が一、書店店頭に見当たらない場合には、書店にてご注文のうえ、お取りよせいただくか、弊社営業部までご注文ください。ホームページからもご注文いただけます。

株式会社 グローバル教育出版
〒101-0047 東京都千代田区内神田２－４－２　グローバルビル３階
TEL：03-3253-5944（代）　FAX：03-3253-5945

SCHOOL EXPRESS

東京学芸大学附属高等学校

TOKYO GAKUGEI UNIVERSITY SENIOR HIGH SCHOOL

東京都　世田谷区　共学校

泰山木の大樹のように大きく伸びる豊かな人間を育成

東京学芸大学附属高等学校は、授業の一環として行われる豊富な教科行事をはじめとしたさまざまなカリキュラムにより、柔軟な思考力・幅広い教養・確かな知識を育むことができます。また、SSHでは従来の充実した教育活動に加えて、科学的判断力に裏付けされた行動ができる生徒の育成がめざされています。

川角《かわすみ》　博《ひろし》　副校長先生

泰山木になぞらえた3つの教育方針

東京学芸大学附属高等学校(以下、東京学芸大附属)は、1954年(昭和29年)に開校されました。当初、深沢地区と竹早地区に分かれて始まりましたが、東京学芸大が小金井に移転したあと、2つの附属校が現在地(下馬地区)で合併され、現在にいたります。校内には泰山木《たいさんぼく》が10本ほど植えられており、その花・幹・産地を念頭に置いて、次のような3つの教育方針が掲げられています。

1「清純な、気品の高い人間」

2「大樹のように大きく伸びる自主的な人間」

3「世界性の豊かな人間」

川角博副校長先生は、教育方針について「1つ目は、人間性を大切にした教育です。当たり前のことですが、人に迷惑をかけないように心がける、人の痛みに気づく、人の役に立てるように行動する、こういった精神の育成をめざしているのです。

2つ目は、自主的に活動できる能力を育む教育です。本校では、さまざまな行事を中心に、生徒たちが主体となって作り上げる取り組みを多数用意しています。積極的に参加して活動できる機会を設けることで、生徒の自主性を伸ばします。

3つ目は、泰山木が北アメリカ原産の植物であることから、国際社会で活躍できる人間の育成を意味しています。高度知識基盤社会に成り立つ国際社会へ羽ばたく、世界のリーダーを育てたいと思っています。本校が、60年前の創立時から世界を見据えていたのはすごいことだと思いますね」と話されました。

「特徴がないことが特徴」1・2年は教養教育を実施

東京学芸大附属への入学者は、学芸大の附属中学校からの進学者、一般の中学校からの入学者、海外在学経験者（帰国生）から構成されています。また、1975年（昭和50年）からはタイ王国からの国費留学生も受け入れています。高校1年生から入学者すべてが混合されたクラス編成となりますので、生徒たちがお互いに刺激しあい、高めあうことのできる環境といえます。

カリキュラムは、教養教育が重視され、芸術科目の選択を除いて、2年次まですべての科目が必修になっています。3年次には多数の選択科目が用意され、自分の進路に合わせて科目を選択します。

「特殊化せずになんでも学ぶ本校のカリキュラムは、言い換えれば『特徴がないことが特徴』と言えます。理科では物理・化学・生物・地学を学びますし、社会科の日本史・世界史・地理・現代社会もすべて必修です。高校生ぐらいの年齢では、まだ自分の将来を具体的に決めることは難しいと思いますので、早くから文系・理系に分けてしまうのは賛成できません。重要なのは、特殊化するのではなく、一般化しなんでもこなす幅広い学習で豊かな学力を身につけることです。」（川角副校長先生）

多様な教科行事を実施 レポート作成で力を磨く

東京学芸大附属では、各教科の授業の一環として行われる教科行事が豊富なことも大きな特色です。

1年生の地理実習は、地理歴史・公民科の教科行事です。数名のグループに分かれ、1日かけて旧江戸城の外堀をほぼ1周します。約16㎞を実際に歩くことで、東京都心部の地形や都市構造を把握します。

同じく1年生を対象とした理科の地学実習では、神奈川県城ヶ島に出かけ、地形や地層を観察し、その地層の生い立ちを考察する野外調査を体験します。

1年生ではそのほかに、理科の教科行事としてプラネタリウム見学、科学見学実習、国語科の現代劇鑑賞があり、2年生では地理歴史・公民科の社会見学実習、国語科の古典劇

辛《こ》夷《ぶし》祭《さい》

毎年9月に行われ、多くの来場者でにぎわう文化祭です。クラブの活動発表のほか、1年生は展示・娯楽、2年生は食品販売、3年生は演劇を行います。とくに、3年生の演劇は質の高さに定評があります。

学校行事

学習旅行

２年生の学習旅行は、長崎・広島・韓国の３コースに分かれて学習します。

球技大会

遠足

下馬祭

林間学校

高１の７月下旬～８月にかけて行われる林間学校。４泊５日という、宿泊行事にしては長めの日程が特徴です。新潟県の妙高寮で、登山や飯ごう炊さんなどを体験し、共同生活を通じて親睦を深めます。

鑑賞などが実施されています。

１・２年生共通のものとしては、保健体育科の新体力テストやマラソン記録会があります。

こうした教科学習では、つねにレポート提出が求められているのも特徴です。川角副校長先生は「レポートを作成するには、課題についてしっかりと理解しなければなりません。レポートを課すことで、深い理解力と表現力を育むとともに、能動的に学習に取り組むスタイルも身につきます。本物の学力を養うことができるのです」と話されました。

ＳＳＨ指定をきっかけに教育活動に厚みが加わった

２０１２年（平成24年）から文部科学省よりスーパーサイエンスハイスクール（ＳＳＨ）の指定を受けた東京学芸大附属では、科学的判断力に裏付けされた行動ができる生徒の育成がめざされています。

「本校のＳＳＨは、すべての教科・すべての生徒に対して、教育にある科学的で普遍的な論理を提案し、理系・文系にこだわらず、全員が関わっていくことを理念としています。」（川角副校長先生）

「特講　科学の方法」という取り組みでは、教科・科目を越えたコラボレーション授業が行われています。例えば、「物理の論理　国語の論理」は、物理、現代文、英語のコラボレーションによるもので、論理的に理解するとはなにかを考えていく内容です。

海外における探究活動や交流体験も実施されています。これまでにもアメリカ研修や、タイ・チュラボーン大学附属サイエンス・ハイスクール・チェンライ校との研究交流、ＮＩＣＥ（東アジア化学教育関係者シンポジウム）への参加などを経験しました。そのほか、東大教授らによる「特別講義」や、衛星から得られたデータを用いて、遺跡や史跡など人文科学に関する理解を深めていく「宇宙人文学」など、興味深い探究活動に取り組んでいます。

語り合う場として「Intelligent Café（In-café）」が設けられていることも特色です。「Intelligent Café」は、生徒の柔軟な発想や活動を支援する場として校内に設けられた、知的な議論が自由に行える場です。運営も生徒の手によって行われ、教員や生徒によるトークイベントや座談会・討論会など、さまざまなイベントが実施されています。カフェ討論会がきっかけとなり、東北スタディツアーという企画が実現するなど、

学校施設

Intelligent Café

趣のある校舎が魅力の東京学芸大附属。教室で使われている木製の机とイスも温かみが感じられます。生徒の知的活動を支援するIntelligent Caféが設けられるなど、校内はアカデミックな雰囲気に満ちています。

校内の様子

体育館

グラウンド

木製の机とイス

新たな広がりが生まれています。」（川角副校長先生）

独自の実力テストときめ細やかな進路指導

学校独自の実力テストが実施されていることも、東京学芸大附属の特徴です。実力テストは各教科の教員により作問されます。

1・2年次は9月と1月の年2回、国語・数学・英語の3教科で実施されます。3年次は6月・9月・11月の年3回、6月は国語・数学・英語の3教科、9月と11月はさらに地歴・公民・理科も加わります。

進路指導も行き届いています。進路資料として、受験に関しての説明や大学の学部・学科の様子について卒業生が執筆したものをまとめた『進路のしおり　道』という冊子が配られ、進路の決定や志望校の合格判定などに大いに役立てられています。

1年次と2年次には進路講演会も行われていますし、進路相談へのアドバイスは担任の先生だけでなく教員全体で取り組む態勢となっています。

伝統を感じる重厚な校舎で、生徒たちの充実した高校時代が刻まれています。

川角副校長先生は「本校が求めているのは、積極的に国際社会で活躍できる行動力と協調性を持った生徒さんです。本校で3年間学べば、多様な社会で柔軟に対応できる幅広い教養と応用力を身につけることができます」と語られました。

School Data

所在地　東京都世田谷区下馬4-1-5

アクセス　東急東横線「学芸大学駅」徒歩15分、東急田園都市線「三軒茶屋駅」徒歩20分

生徒数　男子519名、女子520名

TEL　03-3421-5151

URL　http://www.gakugei-hs.setagaya.tokyo.jp/

3学期制　週5日制

月・水・木6時限、火・金7時限　50分授業

1学年8クラス　1クラス約40名

2013年度(平成25年度)大学合格実績（　）内は既卒

大学名	合格者	大学名	合格者
国公立大学		私立大学	
筑波大	9(4)	早大	168(89)
千葉大	10(3)	慶應大	111(58)
東大	68(34)	上智大	41(15)
東京医科歯科大	6(4)	東京理大	68(49)
東京工大	8(5)	青山学院大	12(5)
東京外大	10(2)	中央大	56(42)
東京学芸大	7(0)	法政大	13(9)
東京芸大	2(2)	明治大	80(56)
東京農工大	9(3)	立教大	19(14)
一橋大	9(2)	国際基督教大(ICU)	4(3)
お茶の水女子大	6(1)	学習院大	4(2)
横浜国立大	10(3)	東京医科大	4(4)
京都大	7(5)	東京慈恵会医科大	5(3)
その他国公立大	43(31)	その他私立大	160(113)
計	204(99)	計	745(462)

鶴見《つるみ》大学《だいがく》附属《ふぞく》高等学校

School Data

所在地
神奈川県横浜市鶴見区鶴見2-2-1
生徒数
男子272名、女子279名
TEL
045-581-6325
アクセス
京浜急行線「花月園前駅」徒歩10分、JR京浜東北線・鶴見線「鶴見駅」徒歩15分
URL
http://www.tsurumi-fuzoku.ed.jp/

新しい時代を生きるための力

禅の精神に基づく人間形成

曹洞宗の大本山總持《そうじ》寺を母体とする鶴見大学附属高等学校（以下、鶴見大附属）は、禅の精神に基づいた人間形成を大切に考え、建学の精神を「大覚円成　報恩行持〜感謝を忘れず　真人となる〜」としています。

エントランスホールには、観音菩薩像が安置され、行事にも禅の精神が受け継がれています。1月に4日間行われる「耐寒参禅会」では、新年をすがすがしく迎えるために、生徒が始業前に總持寺で座禅を組みます。心を落ち着けて自らを見つめる禅の精神を学校生活に取り入れることで、生徒は豊かな情操を備えた教養人へと成長していきます。

新たなスタイルで自主性・主体性を育てる

鶴見大附属の校舎は、教科エリア・ホームベース型という特徴的な作りになっています。「教科エリア」には、教科ごとの教室があり、それぞれプロジェクターや電子黒板、ICT設備機器が備えられています。「教科エリア」に周りを囲われるように中心に配置されているのが、「ホームベース」です。朝礼やHR、昼食の時間はここで過ごし、クラスメイトや担任の先生との交流を深めます。

教科エリア・ホームベース型校舎のメリットは、生徒が教科ごとに教室を移動することで、生徒の学習姿勢が「授業を受ける」という受け身から、「学ぶ」という自主性・主体性のある姿勢へと変化していくことです。そして、教室に各教科の専門資料や教育機器が完備されていることで、多様な学習への対応が可能になり、その教科を好きになる心を育てていきます。このような新たなスタイルの学びから新しい時代を生きる力が生まれると鶴見大附属は考えています。

また、国際交流として、Wilcox High Schoolから留学生の受け入れを行っています。留学してきた生徒はホームステイをしながら、鶴見大附属の生徒とともに学校生活を送ります。また、夏期休暇には希望者を対象として、オーストラリアへの短期留学も行われています。こうした経験を通して、生徒は異文化理解を深めながら国際コミュニケーション能力を身につけ、世界で自分を表現し活躍できる人間へと成長していきます。

鶴見大学附属高等学校は、これからも「学力向上」、「人間形成」、「国際教育」の3つを柱として教育を行い、「自立の精神と心豊かな知性を育み国際社会に貢献できる人間を育てる」ことをめざしていきます。

明星《めいせい》高等学校

School Data

所在地
東京都府中市栄町1-1

生徒数
男子569名、女子440名

TEL
042-368-5201

アクセス
JR中央線・西武線「国分寺駅」徒歩20分またはバス、京王線「府中駅」徒歩20分またはバス、JR武蔵野線「北府中駅」徒歩15分

URL
http://www.meisei.ac.jp/hs/

世界に貢献する生徒を育てる3本柱

特色ある教育と充実した設備

明星高等学校の建学の精神は「和の精神のもと、世界に貢献する人を育成する」です。明星では、「国際教育」「多読多聴」「理科教育の充実」という3つの教育を柱に、この建学の精神を実現できる人材を育成しています。

まず、国際教育の一環として、アメリカンスクールとの交流や、国際ロータリー青少年交換プログラムへの参加など、他校にはあまり見られない取り組みを実施しています。そのほか、カナダへの語学研修や、レシテーションコンテスト（英語の暗唱コンテスト）など、異文化に対する理解を深め、グローバル社会に対応できる力を養うためのプログラムが多数用意されています。

英語の多読多聴も特徴的な取り組みです。図書室には、レベル、ジャンルともに幅広い種類の多読用の洋書が2万冊以上もそろっているので、生徒は自分のレベルに合った興味のある洋書を自由に選ぶことができます。図書室にはCDプレイヤーも用意されており、耳から音声を聴きつつ目で文章を追う、多読と多聴をセットで行うことができるので、英語力がより身につきます。

充実しているのは洋書だけではありません。明星の図書室の蔵書は、洋書も含めて8万冊にものぼります。室内はきれいで落ち着いた空間であるため、自習をする生徒も多く、明星自慢の施設となっています。

理科教育にも力を入れる明星には、実験室が5つもあります。普段から実験を中心とした理科の授業が行われていることに加えて、希望者を対象とした「わくわく理科実験」というプログラムが月に1回、土曜の放課後に行われています。「わくわく理科実験」は、毎回ユニークなテーマで展開され、多くの生徒が参加し、楽しみながら学んでいます。

さらに、明星大を始め各大学との連携教育を行っているため、大学の研究室で実験に参加することもできます。また、校内には最新の観測設備を搭載し昼でも天体観測が可能な「スタードーム（天体観測ドーム）」もあるなど、理科への興味が深まる環境が整えられています。

これら3つの教育のほか、明星ならではの取り組みとして「凝念《ぎょうねん》」があげられます。これは、創立以来続いている伝統的な取り組みで、授業や行事の前後に、姿勢を正し、下腹部に力を入れることで、精神を統一し、集中力を高めます。

このような特色ある教育と、充実した設備を兼ね備えている明星高等学校は世界に貢献できる生徒を育成し続けます。

田山《たやま》 正人《まさと》 校長先生

千葉県立 船《ふな》橋《ばし》高等学校

共学校

生徒の可能性を最大限に伸ばし 自己実現ができる魅力ある進学校

2学期制・単位制を活かしたカリキュラムにより、生徒1人ひとりに合った指導を行う千葉県立船橋高等学校は、学校行事や部活動、SSH校としての取り組みなども盛んです。新たに「船高STUDY　CAMP」や「船高カレッジ」も導入し、千葉県トップレベルの進学校として、質の高い教育を行っています。

知・徳・体のバランスがとれた世界で活躍できる生徒を育成

1920年（大正9年）に、私立の船橋中学院が千葉健吉神官によって創立されたのが、千葉県立船橋高等学校（以下、船高）のはじまりです。1924年（大正13年）に現在地に移転し、1940年（昭和15年）に船橋市立船橋中学校と改称、1944年（昭和19年）に県に移管され千葉県立船橋中学校となり、戦後の1948年（昭和23年）、学制改革によって千葉県立船橋高等学校として再発足されました。

教育目標には次の4項目が掲げられています。

①自他敬愛の精神に立って互いに切磋琢磨し、専心研学の校風を樹立する。

②創造的な知性と円満な徳性を培い、社会的に有為な人材を育成する。

③強靭な体力と旺盛な気力を養い、自学・自律を通して実践力のある人間を育成する。

④勤労を重んじ、進んで学習環境の整備に努め、明るい学園を建設する。

田山正人校長先生は「本校は学力を高めることだけに力を入れるのではなく、精神的、身体的な面も合わせた知・徳・体のバランスのとれた生徒を育成する『文武両道』の教育をめざしています。

また、日本全体、ひいては世界のなかでも世の中を引っ張っていけるような、世界で活躍できる生徒を育てたいという考えから、『世界に通じるリーダーの育成』もめざしています」と話されました。

キャッチフレーズは「究」 何事にも全力で取り組む

船高では、前述した4つの教育目標とともに、「究―誰もが全てに全力投球―」という言葉を学校全体のキャッチフレーズとして掲げ、教育を行っています。

そのため普段の授業も、生徒の能力・適性を考慮した質の高い授業が

行事

武道大会

たちばな祭（文化祭）

修学旅行

年間を通じてさまざまな行事が行われています。船高生はどの行事にも全力で取り組み、充実した高校生活を送っています。

陸上競技大会

合唱祭

展開されています。早朝や放課後には各教科の補習も実施されており、希望者は自由に受講することができます。さらに、土曜日には3年生を対象とした受験対策講習が開かれており、大学受験に向けて多くの3年生が受講しています。

また、勉強だけでなく、学校行事や部活動などにも積極的に参加する生徒が多いのが船高の特徴です。

「本校では何事にも精一杯打ち込んで、追究する姿勢を大切にしています。勉強はもちろん、進路選択についても自分の適性を理解して、自分に合った進路を究めてほしいですし、SSHの活動として行う科学的な研究も、表面的な研究で終わるのではなく、深いところまで究めていってほしいです。そのほかにも学校行事や部活動など、高校生活のすべてに一生懸命に打ち込んでほしいという願いを『究』という1文字でわかりやすく表しています。」（田山校長先生）

このような船高の雰囲気にいち早く慣れてもらい、高校生活をスムーズにスタートしてもらおうと始まったのが「船高STUDY CAMP」という行事です。2年目を迎えたこの行事は、教員が新入生に高校での勉強の方法を指導するため、新入生

同士がコミュニケーションをとるため、そして、新入生の意欲・気持ちを前向きにするために、入学してすぐに、２泊３日で実施しています。

単位制を活かした独自のカリキュラム

スーパーサイエンスハイスクール（ＳＳＨ）に指定されている船高は、普通科と理数科が設置されています。

普通科のカリキュラムは、１・２年次で文系科目・理系科目をまんべんなく学習し、幅広い知識を習得できるようになっています。そして、３年次は希望する進路に合わせて各自が選択科目を履修し、文類型・文理類型・理類型に分かれます。２０１２年度（平成24年度）からは、１・２年次の履修単位を２単位増やして週34単位とし、年間に15回程度行われている土曜授業を公開授業にするなど、新たな取り組みも導入されています。

理数科では、学校設定科目（ＳＳ科目）が用意され、ＳＳ課題研究やＳＳ特別講座などが実施され、ＳＳＨ指定校としてレベルの高い理数教育を行っています。これらのＳＳ課題研究やＳＳ特別講座には、希望すれば普通科の生徒も参加することができます。

サイエンスフェスティバル

ＳＳ野外研修

ＳＳ科学講演会

SSH

台湾研修

船高独自のＳＳ科目のほか、コアＳＳＨ校として、サイエンスフェスティバルや課題研究発表会なども行っています。

課題研究発表会

ＳＳＨの取り組みについて田山校長先生は、「２０１２年度（平成24年度）からは、研究発表と国際交流を目的とした６日間の台湾研修を始めました。生徒は台湾の高校生や大学生の前で、課題研究を英語でまとめたものをプレゼンテーションします。初年度は理数科の生徒のみを対象としていましたが、２０１３年度（平成25年度）は普通科の課題研究を行っている生徒へも門戸を開放し、20名前後の生徒が研修に参加する予定です。

そして、本校はコアＳＳＨ校にも指定されています。コアＳＳＨ校とは、ＳＳＨ校のなかでも地域の中核拠点になっている学校のことで、県内の連携校と協力しながら、千葉県全体の理数教育の充実を図る教育活動を展開しています」と説明されました。

充実した進路・進学指導で難関大への合格を叶える

従来から船高では、大学出前授業と称した大学教授による講演会や、千葉大との連携によって千葉大の講義を受講できるといった高大連携教育のシステムを整えてきました。ほかにも、船高を卒業した現役大学生の合格体験談を聞く催しや、大学別の説明会など、さまざまな進路・進学指導を行ってきました。

これらの取り組みに加えて、2013年（平成25年）には新たに「船高カレッジ」が催されました。この企画は、大学教授を招いて、大学の専門的な講義を直接聞くというもので、1・2年生の全員と3年生の希望者を対象に行われました。当日開講されたのは24講座で、講座内容は文系から理系まで幅広い分野にわたり、生徒はそのなかから好きな講座を2つ選択して受講します。「船高カレッジ」について田山校長先生は「大学の特色などを紹介する説明会はこれまでも行っていましたが、それとは別に、大学の教授による専門的な講義を受ける機会を設けることで、進路をより真剣に考えてほしいと思い、始めました」と語られました。

進学指導重点校の指定も10年目を迎え、充実した進路・進学指導や、質の高い授業を行い、国公立大学をはじめとする難関大学へ多くの合格者を輩出しています。そんな船高では、どのような生徒さんを待っているのでしょうか。

「本校を志望する生徒さんは学校に合格することをゴールだと思うのではなく、学校に合格してからがスタートだと思っていただきたいです。

部活

クイズ研究会

高校生クイズで準優勝した経験を持つクイズ研究会など、多くの部活が熱心に活動しています。

オーケストラ部

応援委員会

野球部などの応援で活躍する応援委員会をはじめ、委員会活動も活発です。

船高カレッジ

船高STUDY CAMP

何事にも一生懸命に取り組み、心身ともにさらに高めていこうという気持ちを持った生徒さんに来ていただきたいですね。そして、自分の持てる力を伸ばしていってほしいと思います。」（田山校長先生）

School Data

所在地	千葉県船橋市東船橋6-1-1
アクセス	JR総武線「東船橋駅」徒歩７分
ＴＥＬ	047-422-2188
生徒数	男子562名、女子417名
ＵＲＬ	http://www.chiba-c.ed.jp/funako/

- ２学期制　週５日制（土曜授業年間15回程度）
- 50分授業　月曜～金曜６限、土曜４限
- １学年８クラス（普通科7クラス、理数科1クラス ※来年度は普通科８クラス、理数科1クラスに変更）
- １クラス40名

2013年度（平成25年度）大学合格実績　（　）内は既卒

大学名	合格者	大学名	合格者
国公立大学		私立大学	
北海道大	2(2)	早大	111(43)
東北大	6(1)	慶應大	24(9)
筑波大	26(3)	上智大	25(12)
千葉大	54(13)	東京理科大	76(21)
お茶の水女子大	3(0)	青山学院大	18(7)
東京大	9(6)	中大	50(13)
東京外大	4(1)	法政大	42(10)
東京工大	5(2)	明大	104(27)
一橋大	5(1)	立教大	59(10)
横浜国立大	4(1)	学習院大	12(3)
京都大	3(0)	国際基督教大(ICU)	2(0)
大阪大	4(2)	津田塾大	13(3)
その他国公立大	33(19)	その他私立大	194(77)
国公立大合計	158(51)	私立大合計	730(235)

和田式教育的指導

どんな結果になっても乗り越えられる強さが未来を切り開く

受験シーズンに突入しました。すでに第1志望校の受験結果が出た人もいるでしょう。もし残念な結果となってしまっても、まだ滑り止め校の受験が控えているなら、落ち込んでばかりもいられません。高校受験は大学受験への一里塚です。第1志望校でなくても、入学した学校で頑張れるよう気持ちを切り替えていきましょう。

第1志望校にこだわりすぎないこと

もし、第1志望の学校に不合格となってしまったら、かなりのショックを受けるに違いありません。気落ちしたり、気が抜けてしまうことも考えられます。

しかし、不合格になったことを悔やんでばかりはいられません。とくに、まだ第2志望以降の受験が残っている場合には、次の試験に向けて頭を切り替えていきましょう。

第1志望校に入ることが人生のゴールではありません。その先の大学受験や就職を見据えるのであれば、第2志望以下の学校であってもいいのです。大切なのは、どれだけ高校3年間で頑張れるかです。

第2志望以下の合格校のなかから進学する学校を選ぶときには、進学実績やカリキュラム、年間の学校行事、部活動などをよく調べましょう。勉強と学校行事や部活動の両立ができる学校なのか、高校生活のなかで自分の勉強時間が作りやすい学校なのかどうかを判断するためです。こういったことは志望校選択の際に確認していると思いますが、再度きちんと確かめてみることをおすすめします。

第1志望校にこだわりすぎてその先の目標を見失わないように、気持

Hideki Wada

和田秀樹

1960年大阪府生まれ。東京大学医学部卒、東京大学医学部附属病院精神神経科助手、アメリカのカールメニンガー精神医学校国際フェローを経て、現在は川崎幸病院精神科顧問、国際医療福祉大学大学院教授、緑鐵受験指導ゼミナール代表を務める。心理学を児童教育、受験教育に活用し、独自の理論と実践で知られる。著書には『和田式　勉強のやる気をつくる本』（学研教育出版）『中学生の正しい勉強法』（瀬谷出版）『難関校に合格する人の共通点』（共著、東京書籍）など多数。初監督作品の映画「受験のシンデレラ」がモナコ国際映画祭グランプリ受賞。

ちを強く持ち、「第2志望以下の学校があるさ」と素直に受け止めるようにしましょう。

落ち込みを解消する「発想の転換」とは

それでも、これまでずっと目標にしてきた憧れの第1志望校に不合格となると、落ち込んでしまう気持ちを抑えきれない人もいるでしょう。

そんなつらい気分を解消するためのアドバイスをお伝えします。ポイントは「発想の転換」です。

例えば、「もし第1志望の学校に受かったとしても、ぎりぎり合格だったかもしれない」と思うようにしてみてはどうでしょうか。

合格点には達していても、ぎりぎり合格であれば、自分よりもよい点数を取って入学した同級生が大多数いるという状況になります。これでは、成績をあげるのにも相当の学力と精神力とを養っていくことが求められるでしょう。トップクラスをめざすことは、さらに困難となります。

ところが、第2志望以下の学校であれば、その学校でトップクラスに居ることもできるわけです。成績が上位であれば、気分もいいはずですし、気持ちに余裕が生まれることにより、勉強もはかどるでしょう。

また、大学生では、浪人を経験した人の方が将来伸びるという意見もあります。これは、挫折や逆境を乗り越えた経験が活きてくるからだと言えます。高校受験の場合でも、挫折から這いあがって、大学受験で最終的に第1志望合格を勝ち取ればいいわけです。

このように、気持ちと考え方次第で、つらい気持ちから立ち直ることができるのです。ここは、「発想の転換」をして乗り越えましょう。

将来の基盤作りは高校から始まる

先ほどもお話ししましたが、高校というのは大学進学への通過点です。ですから、将来のために大切なことは高校受験の結果ではなく、高校3年間をどう頑張って、大学の勉強へつなげていけるかということです。

これは、第1志望に合格した人にも、不合格であった人にも同じように言えることです。

たとえ大学附属高校に合格した人であっても、油断は禁物です。すでに大学への切符は手にしたわけですが、進学する学部は高校での成績により決まる場合が多いですから、気は抜けません。浮かれて遊んでばかりいては、行きたい学部を選べないことにもなりかねません。

高校入試が終わったときに、合格不合格で浮かれたり落ち込んだりしてもしょうがないのです。結果を素直に受け止め、4月からの高校生活をめざして気持ちを切り替えていきましょう。

自分が生きていく基盤作りは、すでに始まっているのです。

At ten to nine she was nearly home. She felt happy. "That was fun," she said to herself. The front door of her building was just one meter away. She took off her shades and looked up at the stars for a moment. It was only for a moment, but ③that was long enough. A man on the street stopped. He came toward her. "Excuse me," he said, "but are you...?"

"No!"said the woman. Her voice was cold and hard. "No, I'm not!" Then she put on her shades again and walked quickly into the apartment building.

問３．③that was long enough とあるが、だれが何をするのに long enough だったのか、日本語で説明しなさい。

At ten to nine she was nearly home.
＝９時10分前に 彼女は家に着きかけていた。
She felt happy.
＝彼女は気分がよかった。
"That was fun," she said to herself.
＝「楽しかったわ」と彼女は一人言を言った。
The front door of her building was just one meter away.
＝彼女のマンションの入り口は、ちょうど１m先だった。
She took off her shades and looked up at the stars for a moment.
＝彼女はサングラスをはずし、ちょっとの間、星を見上げた。
It was only for a moment, but that was long enough.
＝ほんの一瞬だったが、それは十分に長かった。
A man on the street stopped.
＝通りにいた男が立ち止まった。
He came toward her.
＝彼は彼女の方に向かってきた。
"Excuse me," he said, "but are you...?"
＝「すみませんが」と彼は言った、「あなたは…？」
"No! "said the woman. Her voice was cold and hard.
＝「いいえ！」女は言った。彼女の声は冷たく激しかった。
"No, I'm not ！"
＝「いいえ、まったく違います！」
Then she put on her shades again and walked quickly into the apartment building.
＝それから彼女はまたサングラスをかけて、マンションの建物のなかへすばやく歩いて入った。

さて、問３は結構難しいぞ。この女性はいったいどんな人なのだろうか。それがわかればとても易しい問題だ。ヒントになるのはいくつかあるが、重要な手がかりはサングラスだ。

彼女はサングラスをかけたりはずしたりしている。なぜだろう。そして、最後にはずしたのは、自分の住むマンションの玄関の１m前でだった。そのとき、彼女の素顔があらわになった。そうしたら、男が足を止めて「あなたは…」と聞いてきた。

ほんの一瞬、サングラスをはずしただけなのに、男は「十分にわかった」のだ。そして「あなたは…」と確かめようとした。すると、質問を最後まで聞かないで、彼女は「違います」と強く否定して玄関に飛び込んでしまった。

つまり、彼女は有名人で多くの人に知られているのだ。たぶん、著名な女優だったのだろう。玄関の前でサングラスをはずしたとき、「star」を見上げたと書かれている。これも暗示的だ。

わずか５分の距離でもタクシーに乗っている。また、映画館では人目につかない最後尾の座席に座った。上映が終わって館内が明るくなる前に、映画館を離れている。

そのようなことを考えあわせると、彼女が有名人であったことは疑いない。

解答　問３　通りかかった男が、彼女が有名人であるのに気づくこと。

では、最後の問いだ。これはかなり難しい。

問５．本文中の地の文（引用符" "で囲まれていない部分）で，女性の心のつぶやきを表している部分はどこか。その始めと終わりのそれぞれ２語を書きなさい。

難しいと言っても、ここまで説明をよく読んでわかった人には、きっと解けるだろう。女性はタクシーに乗っていたとき、「she thought」と書かれているように、思いにふけっている。ニューヨークは色々な欠点があるけれど、私は好きなんだ、と確認している。

解答　問５　始め（All right）
終わり（her home）

今号では難関校の問題を取り上げたから、少し歯ごたえがありすぎたかも知れない。

次号は「今年出た基礎的な問題」を取り上げるので、今号で懲りないでほしい。

編集部より
正尾佐先生へのご要望、ご質問はこちらまで！
FAX：03-5939-6014　e-mail：success15@g-ap.com
※高校受験指南書質問コーナー宛と明記してください。

※このページは33ページから読んでください。

＝女は後ろの席に座り、キャンディ・バーを食べた。

Two minutes later the movie［　ア　］.

＝2分後に 映画が［ア］。

Then, only then, she *took off her shades.

＝それからすぐに、彼女はサングラスをはずした。

さあ、映画館に入って、サングラスをはずした。なぜだろう。もちろん、上映が始まったからだろう。サングラスのままでは、見づらいことこのうえもないね。そうすると、［　ア　］には、たぶん「始まった」という語句が入るだろうな、とわかるだろう。

で、「始まった」という単語はすでに問題本文に出てきている。In those five minutes the woman began thinking that she still loved New York. という文だ。

解答	問４ア　began

It was a good movie. She remembered it well. She even remembered some of the *dialog. And then, of course, there was the actor with the black hair. "He was my favorite," she thought, "I really［　イ　］him in the '60s"

（注）dialog　会話

問４. 空所［イ］に入る適切な単語を本文中から抜き出しなさい。

It was a good movie.

＝それはよい映画だった。

She remembered it well.

＝彼女は映画をよく覚えていた。

She even remembered some of the *dialog.

＝彼女は（映画のなかの）会話までもいくつか覚えていた。

And then, of course, there was the actor with the black hair.

＝さらにまた、もちろん、黒い髪の男優が出ていた。

"He was my favorite," she thought, "I really［　イ　］him in the '60s"

＝「彼は私のお気に入りだったのよ」と彼女は思った、「私は60年代には本当に彼を［　イ　］。

「彼」というのは「黒い髪の男優」だ。この女性は昔、1960年代（たぶん若かったころ）に彼がお気に入りだったのだ。

「本当に［　イ　］」だった、というのだから、大好きだったのだなとわかる。

解答	問４イ　loved

She［　ウ　］quietly a few minutes before the end. "②Another taxi? No," she thought. "I'll take the *subway."

（注）subway　地下鉄

問４. 空所［ウ］に入る適切な単語を本文中から抜き出しなさい。

問２. ②Another taxi? とあるが，これを完全な英語の一文で表しなさい。

She［　ウ　］quietly a few minutes before the end.

＝彼女は 終わりになる数分前に 静かに（映画館を）［ウ］。

"②Another taxi? No," she thought.

＝「ほかのタクシーは？ いないわ」と彼女は思った。

"I'll take the *subway."

＝「地下鉄に乗ろうかしら」

彼女は映画が完全に終わる前に［　ウ　］した。そして、タクシーをつかまえようとした。ということは、映画館から表通りに出たということだね。

つまり、［　ウ　］に映画館を「離れた」という動詞が入ることになる。

解答	問４ウ　left

彼女は行きと同じように帰りもタクシーに乗ろうとした。ところが、どの車も客を乗せていて、空車がなかったのだろう。それで、「ほかのタクシーは？」と思ったのだね。

これを完全な日本語で言うと、「ほかに空いているタクシーはいないのかしら」になる。この日本語を英語で言うのは、中学3年生にはかなり難しい。どうしたらいいだろう？

そういうときは、問題本文に彼女とタクシーについてどう書かれているかを探すといい。

映画館に来るときに彼女はタクシーに乗ってきた。そのとき、彼女はタクシーを呼んだ、「called a taxi」と書かれている。

で、帰りも彼女は「called a taxi」をしたのだろうが、空車がなかった。それで、「ほかの車を呼ぼうかしら」と思ったのだ。

だが、「No」、空車はいなかった。やむなく地下鉄で帰ることにしたのだね。

というわけで問２は、「ほかの車を呼ぼうかしら」を英語で言えばいいということになる。「～しようか」は「Should I ～」という形でね。

解答	問２　Should I call another taxi?

※このページは33ページから読んでください。

idea?" she asked herself. Then she put her small bag under her arm and called a *taxi. "Of course it is."

（注）noisy　騒々しい
　　taxi　タクシー

問 1. "①Is this a good idea?" とあるが，a good idea の内容を，日本語で説明しなさい。

下線部①がある。気になるだろうが、とにかくまず、一通り読むことにしよう。

Outside the building she stopped for a moment and looked at all the *noisy cars in the street.

＝建物の外で 彼女はちょっと立ち止まり、通りの騒々しい車を みんな見つめた。

Next she looked at the people walking along the street.

＝次に彼女は 通りを歩いている人たちを 見つめた。

There were so many of them.

＝ずいぶんたくさんの人たちがいた。

"Is this a good idea?" she asked herself.

＝「これ、いい考えかしら？」と彼女は一人言を言った。

Then she put her small bag under her arm and called a *taxi.

＝それから彼女は小さなバッグを腕に抱えて タクシーを呼んだ。

"Of course it is."

＝「もちろん、そうよ」

さて、問１だが、なにがいい考え・名案だというのだろうか。

彼女は映画を見に行くつもりで表へ出た。表通りは人で混雑し、車があふれていた。そして、「これ、いい考えかしら？」と一人言を言ってから、彼女はなにをしたろうか。タクシーを呼んだね。それで、答えがわかる。

解答　問１　映画館にタクシーで行くこと。

なお、最後の「Of course it is.」は、「Is this a good idea?」を受けている文だ。「Is this a good idea?」と自分で自分に質問して、「Of course it is」と自分で答えている。

「Is this a good idea?」の答えは、「Yes, it is.」というのが通常だが、ここでは Yes を強めて「Of course」と言っているんだ。「はい、もちろんですとも」という気持ちだね。

It took five minutes to get to the movie theater. In those five minutes the woman began thinking that she still loved New York. All right — her *apartment was cold in the winter. Yes, there were a lot of dangerous people in the streets. Everything in the stores was expensive. There was garbage everywhere. It was all true, but ... well, New York was her home.

（注）apartment　マンション（の一室）

It took five minutes to get to the movie theater.

＝映画館には 5分で着いた。

In those five minutes the woman began thinking that she still loved New York.

＝この5分の間、私はニューヨークが相変わらず好きなのだと 彼女は考え始めていた。

All right — her *apartment was cold in the winter.

＝けっこうだわ—冬は彼女のマンションは寒かった。

Yes, there were a lot of dangerous people in the streets.

＝ええ、通りには危険な人たちが たくさんいた。

Everything in the stores was expensive.

＝店にある品物はどれも 高かった。

There was garbage everywhere.

＝どこにでも ごみがあった。

It was all true, but ... well, New York was her home.

＝それはみんな本当のことだ。けれども…さて、ニューヨークは彼女の住まいだった。

タクシーに乗っている間、彼女は考えたんだね、ニューヨークは確かに冬は寒いし、街には危険な犯罪者がたくさんいるし、物価は高いし、街中ごみだらけだ。それでも彼女はニューヨークが好きだった。なぜなら自分が住んでいるところだからだ。

At the movie theater there were only thirty or forty people in the seats. The woman sat in a seat at the back and ate a *candy bar. Two minutes later the movie［　ア　］. Then, only then, she *took off her shades.

（注）candy bar　キャンディ・バー（菓子の一種）
　　take off　はずす

問 4.　空所［ア］に入る適切な単語を本文中から抜き出しなさい。

おや、空所アがある。だが、これもあまり気にせずに、読み続けるといい。

At the movie theater there were only thirty or forty people in the seats.

＝映画館には 座席にほんの３、40人の人たちしかいなかった。

The woman sat in a seat at the back and ate a *candy bar.

教育評論家　正尾 佐の

高校受験指南書

【八拾七の巻】

中2生のための入試問題入門

英語

いまこの記事を読んでいるのは中学２年生が多いだろう。もうすぐ、２年生最後の期末試験が始まり、それが終わると終業式だ。そして待ってました！　春休み!!

休みを十分に楽しむうちに４月になる。いよいよ３年生だ。ほとんどの人がいやでも１年後の高校入試の準備しなければならない。え？　１年後だって？　とんでもないことだ、と先生たちが言うだろう。公立校の入試までもう11カ月しかないぞ。私立高を受験するなら10カ月しか残っていない！　ってね。

その通りだ。たったいまからでも真剣に高校入試の準備に取り組もう。この連載は、そういう人たちのためにある。これから来年の２月号まで、英語・数学・国語の入試問題の解き方について書き続ける。もう７年以上も連載が続いているが、編集部からもう打ち切りましょうと言われていないから、たぶん君たちの先輩たちの参考になってきたのだろう。

取り上げるのはすべて実際に出された最新の入試問題だ。ただし、首都圏の埼玉・千葉・東京・神奈川の１都３県の高校に限定する。

では、始めよう。今号は最初なので、入試問題ってこんなんだよ、という例を見せよう。

最難関校の１つ、筑波大附属駒場の英語の問題だ。最初の１節だけ記そう。

It was a cool fall afternoon in *Manhattan. The woman washed her hands and looked at her face in the *mirror. "I'm going to the movies this evening," she thought, and smiled. Ten minutes later she took the *elevator to the first floor and left the building. She was wearing a long, black coat, a hat and *a pair of shades.

(注)Manhattan　マンハッタン（ニューヨークの中心街）
mirror　鏡
elevator　エレベーター
(a pair of) shades　サングラス

どうだい、それほど難しくないね。

（注）が４個もついているから、英語の得意な人なら、一読して内容がわかるだろう。いや〜、かなりムズいじゃん、という声も聞こえてくるなぁ。じゃあ、説明しよう。

It was$_{1}$ a cool fall afternoon$_{2}$ in *Manhattan.$_{3}$

＝マンハッタンの$_{3}$ 涼しい秋の午後$_{2}$ のことだった$_{1}$。

The woman$_{1}$ washed her hands$_{2}$ and looked at her face$_{3}$ in the *mirror.$_{4}$

＝ある女が$_{1}$ 手を洗って$_{2}$ 鏡にうつる$_{4}$ 自分の顔を見つめた$_{3}$。

"I'm going to the movies$_{1}$ this evening,$_{2}$" she thought,$_{3}$ and smiled.$_{4}$

＝「今夜は$_{2}$ 映画に行こう$_{1}$」と彼女は考え$_{3}$、にっこりした$_{4}$。

Ten minutes later$_{1}$ she took the *elevator to the first floor$_{2}$ and left the building.$_{3}$

＝10分後$_{1}$、彼女はエレベーターで１階に下りて$_{2}$ 建物を後にした$_{3}$。

She was wearing a long, black coat, a hat$_{1}$ and *a pair of shades.$_{2}$

＝彼女は長く黒いコートに帽子をかぶり$_{1}$、サングラスをかけていた$_{2}$。

話が始まった。主人公は女性だ。映画を見に行こうとしている。それが読み取れたら十分だ。次を読み進めよう。

Outside the building she stopped for a moment and looked at all the *noisy cars in the street. Next she looked at the people walking along the street. There were so many of them. "①Is this a good

WASE-ACA TEACHERS

宇津城センセの受験よもやま話

ある少年の手記⑪

宇津城 靖人先生

早稲田アカデミー　特化ブロック　ブロック長
兼 ExiV西日暮里校校長

「私に似た人？」

「そう。あんたみたいに色白で、かわいい人だったよ。」

　畑中さんは遠い目をしながら続けて言った。

「父親が音楽にまつわる仕事をしていたせいだろうね。その人は、小さいころからたくさんの音楽を聴かされて育ったんだそうだよ。さまざまなジャンルのものをね。」

「音楽という音楽を聴かされたって話だよ。演歌、民謡にはじまって、クラシック、ロック、ポップス、ジャズ…。当時はラップなんてものはあんまりなかったがね。」

　倉田さんは畑中さんのことを不思議そうに見つめている。一方で、畑中さんは目線を落とし、自分自身に語りかけるかのようにしていた。じっと自分の手をみつめて。

「そのころはまだ父親とうまくやっていたそうだよ。父親がたまに持って帰ってくるレコードを楽しみにしていて、それを聴いてみてはレビューを書いてみせたりして。父親は仕事が忙しいせいで、その子がまだ寝てる時間に家を出て、帰ってくるのはその子が寝たあとっていう、ほとんど顔を合わせることがない、すれ違いの生活だったようだけど。」

「それでも、そんな交流もあって、家族はうまくいっていたんだよ。『お父さんは私たちのためにお仕事を頑張ってくれているんだよ』って母親が擁護してくれていたからだろうね。」

　畑中さんはそう言って、顔をあげた。そうしてぼくたちの方から顔をそむけて、窓際に飾られた紫陽花《あじさい》へと目線を動かした。

「すべては、母親が病に倒れてからおかしくなったんだ。」

　じっと紫陽花を眺めたまま、畑中さんは黙ってしまった。ぼくたちは返事をすることも、合いの手を打つこともできずに、じっと畑中さんの次の言葉を待つことしかできなかった。外から遠くを走る救急車のサイレンのような音が聞こえてくる。

「ドップラー効果と同じだな。」

　畑中さんが口を開いた。

「え、なんですか？」

　ぼくは思わず尋ねた。

「人の感情の波も、ドップラー効果と同じで、通り過ぎて時間が経つと低く、小さくなっていくものだなということだよ。」

　ぼくはよく意味がわからなかった。

「その人の母親は腎臓を患っていてね。まあ、もともと身体が丈夫な方ではなかったから、ちょくちょく入院したり退院したりを繰り返していたそうだよ。父親は、仕事の合間をぬって病院にお見舞いに行っていたようだけれど、仕事がひと段落してからだから、どうしても夜中になってしまう。お見舞いに奥さんの好きな花でも買っていこうと思っても、花屋も開いてない時間にしか行けなくてね。仕方なく線路沿いの植垣に咲いている紫陽花を摘んで持っていっていた。夜な夜なこっそり病院に忍び込んでいたんだよ。ほら、病院の面会の時間とかって、決まりがあって結構早く終わっちゃうからね。」

　ぼくと倉田さんは2人してじっと黙って聞いていたが、紫陽花という言葉が出た瞬間に、2人で顔を見合わせた。そして窓際に飾られている青い紫陽花に目をやりながら、畑中さんの次の言葉を待っていた。

「母親は、父親が摘んで持っていった紫陽花をとても気に入ってくれたそうだよ。でも、娘の立場からすると、仕事を中断してでもお見舞いに駆けつけてほしいのに、来てくれない父親が許せなかったんだろうね。『きちんと花を買ってくることもできないのか』って、父親に食ってかかったそうだよ。」

「紫陽花という花は時期によって色が変化していく花なんだよね。だから『七変化』なんて呼び名もあるくらいさ。最初は青い花だったのに、次第に赤みを帯びていったりするんだよ。父親は毎日そんな紫陽花を摘んで病院に通っていたけれど、摘んでいった紫陽花が次第に赤っぽい色になっていったんだそうだ。そしたら母親が『紫陽花は青いのがいい』って青息吐息ながらに旦那に言ったらしいよ。」

　いまは畑中さんも、ぼくも倉田さんも、3人が窓際の青い紫陽花に目を向けている。

「父親は、仕事のあとに月明かりの下で青い紫陽花を必死に探してまわったんだ。自分にできることはそれぐらいしかなかったからだね。死んでいく妻にしてやれることは。『花屋で買うんじゃあ駄目だ』って言って。きっと自分で探した青い紫陽花を渡してやりたかったんだな。」

　ぼくは畑中さんがだれの話をしているのか、わかってきた。きっと倉田さんもわかり始めている。

「だから父親は必死で探したんだ。青い紫陽花を。でも、どうしても見つからなかったんだよ。紫陽花は開花の時期がほとんど同じだから、どの紫陽花もみんな赤みを帯びてしまっていたんだ。さんざ歩き回って歩き回って、ようやく青い紫陽花を見つけたときにはもう明け方に近い時間になっていたそうだ。急いで病院に駆けつけたけれど、病院に着いたときには、もう手遅れだった。母親は、すでに亡くなっていたんだ。」

　そして、ぼくたちがだれの話をしているのかわかり始めていることを、畑中さんもわかり始めている。

「無様だったよ。ボロボロになって青い紫陽花を握りしめて病院に着いたとき、娘に泣きながらなじられたんだ。『どうして死に目にも会ってやれないんだ!』って。『最期の最期までお母さんのことは二の次なのか!』って。」

　畑中さんの感情は高まり、もはや、この話を伝聞形にしてつくろうこともなくなってしまっていた。

　おそらくぼくと倉田さんの2人ともが感じていた通り、これは畑中さん自身の話だ。さっきの涙は、このことを思い出して流した涙だったんだ。

「それが決定打になってしまったんだ。娘は、妻の葬儀が終わってから、私に愛想をつかして出て行ってしまった。親子の関係が断絶状態になってしまったんだよ。それ以降はまったく会っていない。どこにいるのかも、どんな暮らしをしているのかもわからない。ただひとつ、『さっちゃん』という娘が生まれたということだけは、わかっているんだ。」

　ここまで話すと、畑中さんは倉田さんの方に向き直った。そしてその顔をまじまじと見つめた。畑中さんの目には涙が溜まり、真剣な表情をしている。倉田さんも、おそらく自分の置かれた立場を理解しているのだろう。緊張した面持ちで畑中さんを見つめ返している。

「もう一度聞くが、君のお母さんの名前はなんというのかね。」

「母は、響子。『ひびく』という字の響子です。」

「!!」

　畑中さんは目を見開いた。そうして目頭を左手で押さえ、シクシクと泣き始めた。

「…お、おじいちゃんなんですか？　わ、私のおじいちゃんなんですか!?」

　倉田さんも涙を流している。

「私、お母さんにはおじいちゃんもおばあちゃんも亡くなったって聞かされてきたんです。お父さんも死んじゃったから、ずっと、ずっとお母さんと2人きりで生きてきました。父方のおじいちゃんも私が生まれる前に亡くなっていたから、私は父方のおばあちゃんのことしか知らない。母方は、おじいちゃんもおばあちゃんも写真ですら見たことがなくて…。

　お父さんも、2人のおじいちゃんも、3人ともみんな、私が物心つくころには亡くなってしまっていたから、私の身近にいる男の人は、すぐ死んじゃうんだって思って、悩んでた。お母さんにおじいちゃんやおばあちゃんのことを聞くと、いつも不機嫌になるからずっと聞けなかった。でも、まさかこういうことだったなんて。」

　そう言って倉田さんは泣きじゃくった。

　ぼくはどうしていいかわからず、とりあえずいまの2人の時間を大事にしてほしいと思い、そっと病室をあとにすることにした。

　そのあと、病室でなにがあったのかはぼくにはもうわからない。

WASE-ACA TEACHERS

国語

東大入試突破への現国の習慣

人間は多面的な存在であり、人生は複雑な事情に満ちています。

田中コモンの今月の一言!

田中《たなか》 利周《としかね》先生

早稲田アカデミー教務企画顧問

東京大学文学部卒。東京大学大学院人文科学研究科修士課程修了。文教委員会委員。現国や日本史などの受験参考書の著作も多数。早稲田アカデミー「東大100名合格プロジェクト」メンバー。

グレーゾーンに照準！今月のオトナの言い回し「盗人にも三分の理」

「悪事をはたらくにも相応の理屈はある」という意味のことわざになります。泥棒が盗みをするのにも、それなりの理由があるというのです。言いかえれば、どんなことにでも理屈をつけようと思えばつけられるということになります。

ちなみに「三分」というのはどの程度の割合になるのかお分かりでしょうか？割合を表す言葉として「割」「分」「厘」「毛」という漢字が当てられているのはご存知でしょう。全体を「1」とした場合、「割」＝「0・1」「分」＝「0・01」という意味になります。野球の打率などで見かける表現ですよね。「イチローの打率が3割7分5厘にまで上がった！」といった具合に使われます。そうすると「三分の理」というのは、全体を1として0・03、パーセントにして3％に過ぎないのでしょうか？

実は、日常会話では「割」の意味で「分」を使うことも多いのです。例えば次のような表現を考えてみて下さい。「桜が五分咲き」「腹八分」「九分九厘間違いない」。これらは「満開の5％」「満腹の8％」「9・9％は確実」という意味で使われているわけではありませんよね。「半分は咲いている」「満腹には少し足りない」「ほぼ間違いない」という意味ですから。「三分の理」も「30％の理」があるという意味になるのです。

また、「盗人にも」という言い方には、「誰の目にも明らかな悪人でさえ」というニュアンスが込められています。その盗人ですら、「100％の悪人ではありえない」ということが、ここでは「人間観」「人生観」として表現されているのです。ものごとを一面的に捉えることの危険性を主張しているとも言えます。人間は多面的であり、人生には驚くほど細かい複雑な事情が絡んでいるものだということ。これはある程度人生経験を積んだオトナであれば身にしみて理解している内容です。だからこそ、「オトナの判断」というものは、どんな問題についても軽率にほめたり、けなしたりはしないのです。結論は留保しておき、時間をかけてゆっくりと様子を見ることを優先します。皆さんからすれば「オトナって、ずるい！」ということになりそうですが、これこそが常識的な判断力というものなのです。

皆さんにとっても、この「結論に直ぐにはとびつかない！」という態度は役に立ちますよ。具体的には国語の読解問題に取り組む際の姿勢として。とりわけ、物語文の登場人物の「心情分析」を行う際には忘れてはならないポイントであると言えるでしょう。物語には主人公を含めて、様々な登場人物が現れます。英語でいうと「キャラクター」ですね。「キャラ」と略して使うことも多いようです。また最近では、グループ内での振舞い方の「役割」を意味する言葉として「キャラ」という表現が使われているというのは、むしろ皆さん方のほうがよくご存知ですね。「まじめキャラ」だとか「へたれキャラ」、「いやしキャラ」などといった用法ですよね。これを論説文風に説明すると「コミュニケーションの場における振舞い方に関する類型的な役割」ということになります。

もちろん「盗人キャラ」なんてものは身近なグループ内にはあってはならない(笑)わけですが、物語文に登場する人物の「類型的な役割」ということについては、読解の際にも注意しなくてはならない内容です。特に、入試問題等で部分的に切り取られた小説の一節から、登場人物の性格の理解や心理状態の把握を求められるという場合には、まさにそこで交わしている会話=コミュニケーションの場における振る舞い方でもって、推測するしかないわけですから。ある程度の類型的な分類に基づく判断は必要でしょう。ただし、あくまでも「ある程度」です。むしろその先の「類型をはみ出る」部分にこそ、人物像を描き出す際の肝があると考えるべきなのです! 理不尽な振る舞いを繰り返す「盗人キャラ」が登場した場合を考えてみましょう。物語的に盛り上がる箇所というのは、「盗人キャラ」が見せる、ほんの一部の理にかなった行動であるはずです。まさに「盗人にも三分の理」が描かれているシーンであるわけです。

まじめだ、と思われている人間でも、100%まじめなだけで人生を過ごしているわけではないということ。へたれだ、と思われている人でも、人生のどんな場面で大胆な行動に出るかはわからないということ。いやし系の人物だと思われていた人が、裏ではとんでもない毒舌の持ち主だったということが発覚したりすること。それが人生なのです。

ですから、「まじめキャラにも三分の軽薄」「へたれキャラにも三分の勇気」「いやしキャラにも三分の悪意」といったように、100%の「まじめ」「へたれ」「いやし」はありえないという認識で、登場人物の性格把握を行ってくださいね。ポイントは「人間の多面性」と「人生の複雑さ」ですよ。

慇・懃・無・礼?!
今月のオトナの四字熟語
「八方美人」

「誰からも悪く思われないように、要領よく人とつきあっていく人」を指して使われる表現です。「悪く思われないよう」「要領よく」といった言い方からも推測できるように、ほめ言葉として使われることはありません。「あの人は八方美人だから」と言った場合には、「本心では何を考えているのか分からない、信用できない人物だ」といった意味合いが込められています。

筆者にはこの四字熟語にまつわる大学時代の思い出があります。東京大学には入学時に決まる「クラス」があります。一・二年生の間は「教養課程」といって、専門に関係なく幅広く学識を深めるというシステムが採用されていることから、クラス単位で同じ語学の授業を受講したりするのです。ですから、ホームルームこそありませんが、同じクラスのメンバーで一緒に行動することが多く、大学を卒業してからも「同級生」として仲がいいのです。ちなみに筆者は文Ⅲ8組。フランス語を第二外国語として選択したクラスでした。

そのクラスに、いわゆる「マドンナ」がいました。80年代の美人を形容するのに「きりりと太い眉」というフレーズがありますが、まさにそれ(笑)。皆さんには理解できない表現だと思いますので、お父さん・お母さんに聞いてみてくださいね。クラスの男子の憧れの存在である彼女の名前は、Kさんといいまして、現在はNHKのアナウンサーとして活躍されています。実在の人物ですよ。

ある時、同級生の一人(M君といいます)が筆者に向かってこう言ったのでした。「Kさんって八方美人だよな」。それに対して筆者は「確かに人当たりは良いけど、八方美人というのは違うんじゃない?」とこたえたのですが、さらにM君は「いや、どこからどう見ても八方美人に違いない!」と言ってゆずらないのでした。「そうかな? そんなに計算ずくで人に接しているようには見えないけど…」と筆者が告げたときのM君のキョトンとした顔が今でも忘れられません。

皆さんはもうお分かりですよね。そう、M君は八方美人を文字通り「四方八方どこから眺めても完璧な美人」(M君の発言)という意味で使っていたのです。確かに元々の意味は「どの方向からみても難のない美人」ですので、「言葉の本来の意味でKさんは八方美人だね」という言い方をすれば、問題はないのですが…。東大生といっても様々です。数学は得意だけれど国語は苦手という学生も一定の割合で存在するのです(笑)。

ちなみにM君も実在の人物です。現在は渋谷の都市計画に関わる重要なポストに就いています!

続いて、平面座標において軸上を点が移動する問題です。

問題2

図1で，点Oは原点，点Aの座標は（−2, 0）であり，曲線 l は関数 $y=ax^2$（$a>0$）のグラフを表している。

図1

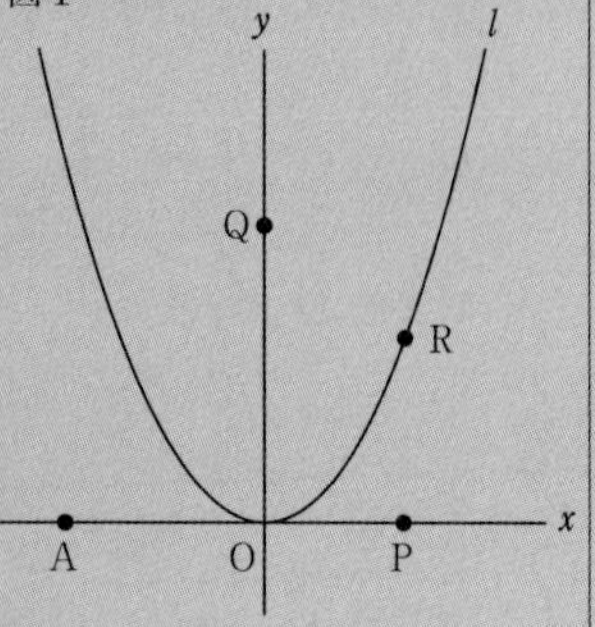

点Pは，点Aを出発し x 軸上を正の方向に毎秒 1 cmの速さで動く。

点Qは，点Pが点Aを出発するのと同時に原点Oを出発し，y 軸上を正の方向に毎秒 1 cmの速さで動く。

図2

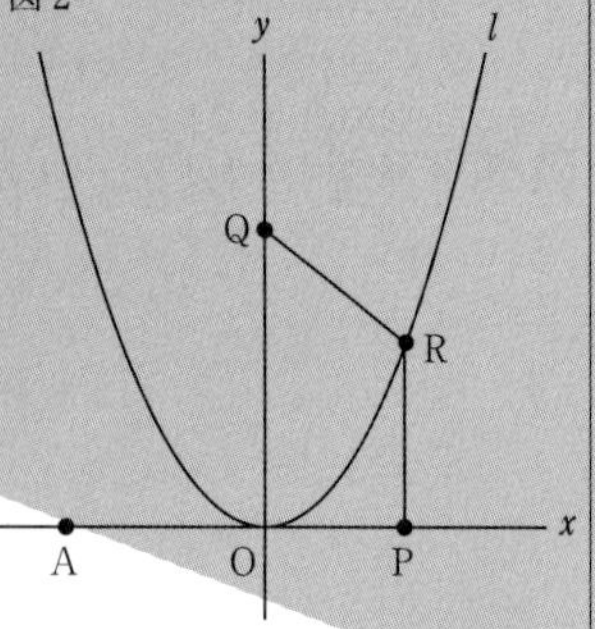

曲線 l 上にあり，x 座標が点Pと等しい点をRとする。

原点から点(1, 0)までの距離，および原点から点(0, 1)までの距離をそれぞれ 1 cmとして，次の各問いに答えよ。（都立・大泉）

(1)　$a=\frac{1}{3}$ とする。点P，Qが出発してから5秒後の2点Q，Rを通る直線の式を求めよ。

(2)　$a=1$ のとき，2点Q，Rを通る直線が x 軸と平行になるのは2点P，Qが出発してから2回ある。

1回目を s 秒後，2回目を t 秒後（$s<t$）とする。s 秒後，t 秒後の点Rの位置をそれぞれS，Tとする。点Oと点S，点Oと点T，点Sと点Tをそれぞれ結んだ場合を考える。このとき，△OSTの面積は何 cm^2 か。

(3)　図2は，図1において，点P，Qが出発してから3秒後に点Pと点R，点Qと点Rをそれぞれ結んだ場合を表している。線分PRの長さと線分QRの長さが等しいとき，a の値を求めよ。

<考え方>

(2)　2点を通る直線が x 軸と平行→2点の y 座標が等しい。

(3)　2つの線分の長さを a で表して、方程式をつくりましょう。

<解き方>

(1)　5秒後のPの位置は（3、0）より、$y=\frac{1}{3}x^2$ に $x=3$ を代入して、R(3、3)。また、Q(0、5)。

これらより、2点Q、Rを通る直線の式は、

$y=-\frac{2}{3}x+5$

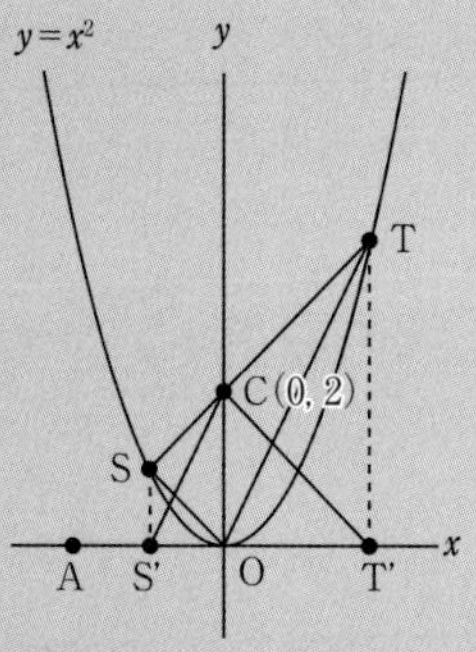

(2)　出発してから m 秒後の点Pの座標は（$m-2$、0）より、Rの座標は（$m-2$、$(m-2)^2$）。またQの座標は（0、m）

2点Q、Rを通る直線が x 軸と平行になるとき、2点Q、Rの y 座標は等しいので、$(m-2)^2=m$

これを整理して、$m^2-5m+4=0$

これを解いて、$m=1$、4

よって、$s=1$、$t=4$ だから、S(−1、1)、T(2、4)。

点S、Tから x 軸に垂線を引き、x 軸との交点をS'、T'とおく。直線STと y 軸の交点(0、2)をCとすると、S'T'=3、OC=2より、△CS'T'$=3\times2\times\frac{1}{2}=3$

等積変形より、△CS'T'=△OST=**3 cm^2**

(3)　出発してから3秒後の点Pの座標は（1、0）より、Rの座標は（1、a）。

またQの座標は（0、3）。

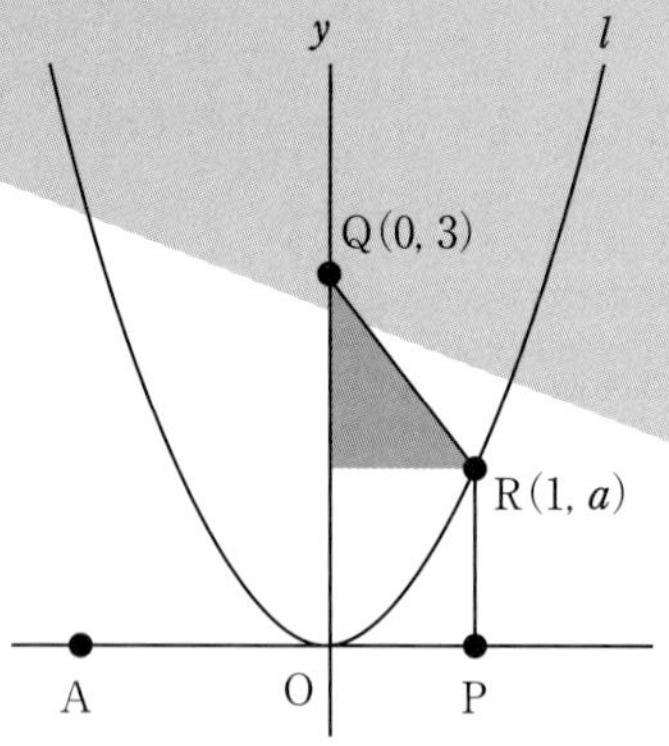

三平方の定理より、

$QR^2=1^2+(3-a)^2$

$=a^2-6a+10$

PR$=a$、PR=QR よりPR^2=QR^2 だから、

$a^2=a^2-6a+10$

これより、**$a=\frac{5}{3}$**

一般的に、点の移動に関する問題は、問題文が長くなる傾向があります。ですから、問題をよく読み、条件を整理することが大切で、とくに出発点、到着点をしっかり確認しておかなければいけません。さらに、場合分けが必要になるときもありますから、各頂点に到着する時間などを書き込んでおくとよいでしょう。

ただし、比較的似た問題も多いので、時間を文字でおいて、線分の長さやそれをもとにした面積を文字で表す練習を積むことで得意分野にすることも可能です。ぜひ、頑張ってください。

WASE-ACA TEACHERS

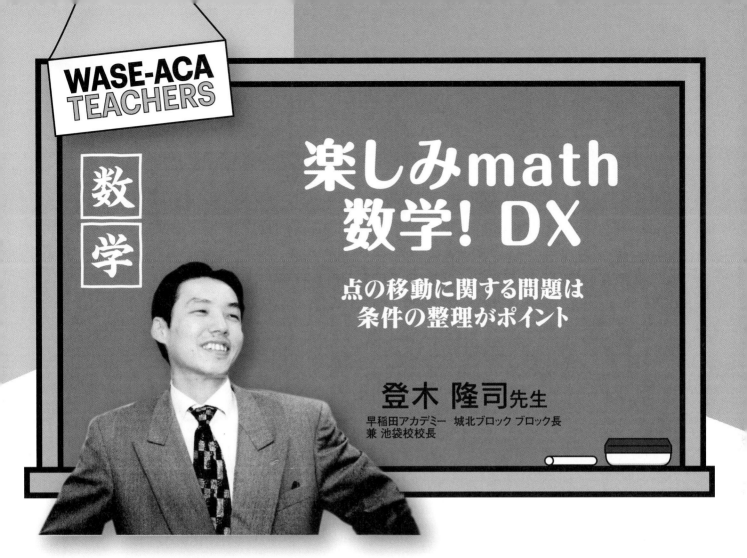

数学

楽しみmath 数学！DX

点の移動に関する問題は条件の整理がポイント

登木 隆司先生

早稲田アカデミー 城北ブロック ブロック長
兼 池袋校校長

今月は、点の移動に関する問題を学習していきます。初めに、円周上を点が動く問題です。

問題1

右の図のように、直径AB＝６cmである半円Oがある。点Pは弧AB上を点Aから点Bまで一定の速さで６秒かけて動く。また、線分APの中点をMとする。

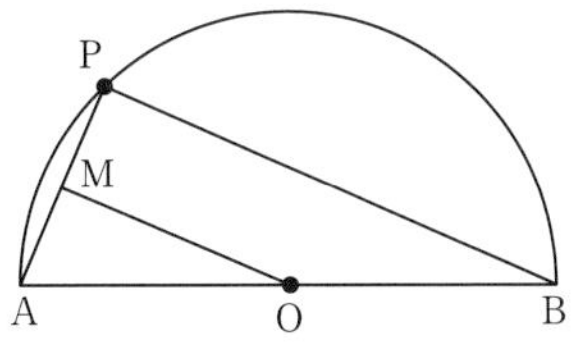

このとき、次の問いに答えなさい。ただし、円周率はπとする。（茨城県）

(1)　点Pが点Aを出発してから２秒後の線分OMの長さを求めなさい。

(2)　三角形ABPを線分ABを軸として１回転させてできる立体の体積が最大になるとき、その立体の体積を求めなさい。

<考え方>

(2)　Pの位置にかかわらず、円すいの高さの和は変わりません。

<解き方>

(1)　２秒後の弧APは弧ABの$\frac{1}{3}$だから、弧APに対する中心角は60°

このとき△AOPは正三角形で、OMは、その高さに当たるので、OA＝3 cmより

$OM=3\times\frac{\sqrt{3}}{2}=\frac{3\sqrt{3}}{2}$(cm)

(2)　右の図のように、点Pから線分ABに垂線を引き、線分ABとの交点をHとすると、△ABPを線分ABを軸として１回転させてできる立体は、線分PHを底面の半径とする円すいを２つ合わせた立体になる。

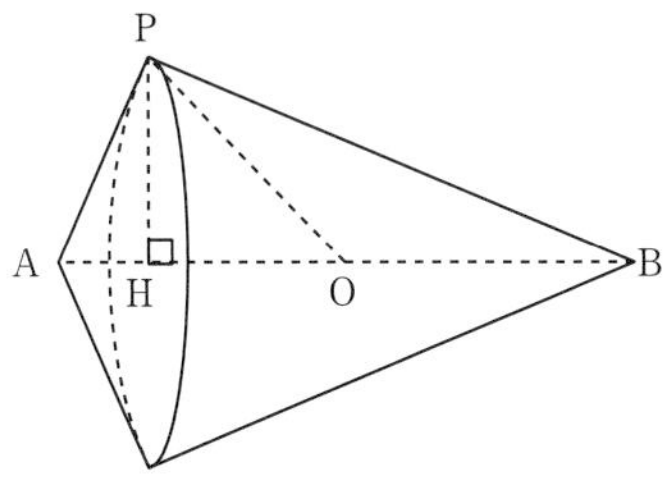

この立体の体積をV、PH＝rとすると、

$V=\frac{1}{3}\pi r^2\times AH+\frac{1}{3}\pi r^2\times BH$

$=\frac{1}{3}\pi r^2\times(AH+BH)=\frac{1}{3}\pi r^2\times AB=2\pi r^2$

ここでPH≦OP＝3より、Vが最大になるのは、Pが弧ABの中点にあるとき、すなわち、r＝3のとき

よって、求める答えは、$V=2\pi\times3^2=$ **18π(cm^3)**

WASE-ACA TEACHERS

英語で話そう！

川村 宏一先生

早稲田アカデミー　教務部中学課
上席専門職

朝がちょっぴり苦手な中学３年生のサマンサは、父（マイケル）と母（ローズ）、弟（ダニエル）との４人家族。

今日も教室で仲よく昼休みを過ごすサマンサとリリー。

２人は春休みの予定について話をしています。サマンサは家族で北海道旅行に出かけるようです。

2014年２月某日

Lily　　：What are your plans for your spring vacation?
リリー：サマンサの春休みの予定は？

Samantha：I am going to visit Hokkaido with my family.
　　　　　I am looking forward to it very much.
サマンサ　：家族で北海道に行くつもりよ。…①
　　　　　すごく楽しみだわ。

Lily　　：That's great. I have been to Hokkaido.
　　　　How long are you going to stay there?
リリー：いいわね。私も北海道に行ったことがあるわ。…②
　　　　どのくらい行くの？…③

Samantha：We'll stay for three days.
サマンサ　：３日間よ。

Lily　　：Take care. Have a good time.
リリー：気をつけて。楽しんできてね。

今回学習するフレーズ

解説①　be going to 動詞	決まっている予定を表す表現 (ex) I'm going to go on a picnic with her.「ぼくは彼女とピクニックに行く予定だ」
解説②　have been to 場所	以前その場所に行ったことがあるということを表す表現 (ex) I have been to Hawaii before.「ぼくは以前ハワイに行ったことがある」
解説③　How long ～?	期間の長さを尋ねる表現 (ex) How long have you lived there? 「あなたはどれくらいそこに住んでいるのですか？」

世界の先端技術

search リープモーション

教えてマナビー先生！
今月のポイント

キーボードやマウスに頼らず空中で手や指を動かすだけでコンピュータが動いてくれる

空中でハンドルを操作するとゲーム上の自動車がその通りに動く

今回紹介するのはリープモーションという装置だ。テレビゲームをするとき、カメラなどで君たちの手や身体の動きに反応してゲーム内のアバター（画面上の自分の分身）が動いたりするのを見たことがあると思う。リープモーションもそんな君たちの動きをＰＣやタブレットに通信し、いままでキーボードやマウスで行ってきたコンピュータ操作をもっと人間らしい方法でかなえてしまおうという装置なんだ。

リープモーションは長さ10ｃｍぐらいの小さな装置だ。コンピュータに接続して机の上に置き、その上で手を動かすと手の動きをとらえてコンピュータに指示を与えることができる。リープモーションのセンサーがほんの小さな手の動き、指の動きをとらえて、信号に変えＰＣに伝えてくれる。動きを見ていると本当にマジックを見ているようだ。

私たちの手は29個の骨からできていて、多くの細かい複雑な動きができるようになっている。リープモーションはこの動きを調べてくれるんだ。なんと１/100ミリの精度だというから驚きだ。

絵を描くなどの細かい動作も、握ったり、離したりする手の動きも３次元の動きとしてとらえてくれる。それもすばやく、なんと１秒に200回の速さで調べて送ってくれるんだ。だから細かい精密な動きをＰＣやタブレットに伝えてソフトをコントロールすることができるわけだね。

リープモーションを使うためには、いまはまだリープモーションに対応したソフトが必要だけど、リープモーションでコントロールできるソフトウェアはどんどん増えている。あらかじめリープモーションを組み込んだＰＣも発売され始めた。

キーボードやマウスに頼らず、しかもコンピュータ本体に触れることなく画面を変化させたり、ゲーム画面の自動車を運転したりなんて、まるで未来の生活を想像させるね。ゲームだけでなく日常生活や仕事でも、空中で手や指を動かすだけ新しい体験ができるようになるからおもしろそうだ。

だれだ？　指を鳴らすだけで、宿題をやってくれるソフトがほしいなんて言っているのは？

▶マナビー先生

日本の某大学院を卒業後海外で研究者として働いていたが、和食が恋しくなり帰国。しかし科学に関する本を読んでいると食事をすることすら忘れてしまうという、自他ともに認める“科学オタク”。

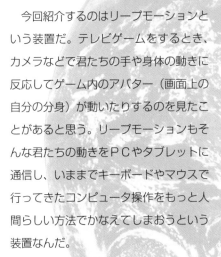

みんなの数学広場

問題編

答えは次のページ

初級～上級までの各問題に生徒たちが答えています。
どの生徒が正しい答えを言っているか当ててみよう。
もちろん、当てずっぽうじゃなく、実際に問題を解いてみてね。

TEXT BY かずはじめ
数学を子どもたちに、楽しく、わかりやすく、使ってもらえるように日夜研究している。
好きな言葉は、"笑う門には福来る"。

上級

次のように、1秒ごとに変化する図形があります。
この図形は1秒ごとに線分の3等分点で山を作ります。
ただし、2点P、Qは動かずにPQの距離は1mに保たれています。
以下は0秒、1秒、2秒の様子です。

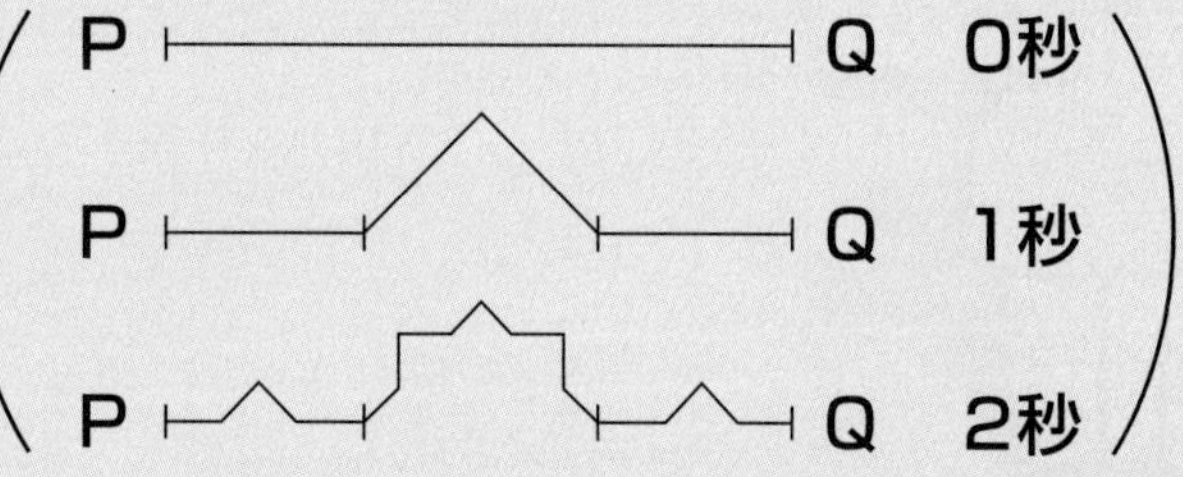

このとき　この図形の長さは
0秒のとき　1m
1秒のとき　$\frac{4}{3}$m
2秒のとき　$\frac{16}{9}$m　です。

この図形の長さが東京スカイツリーの高さ634mを
越えるのは約何秒後?

A 答えは…
約20秒
結構早いと思います。

B 答えは…
約30秒
計算すると
こうなったよ。

C 答えは…
越えない
東京スカイツリーを
越えられるわけがないよ!

中級

1×2×3×4×5×6×7×8×9×10を10の階乗と言います。
このことを10!と書きます。
さて、これを実際に計算すると3628800です。下2ケタが00ですね。
つまり、10!は末尾に0が2個続きます。
では、100の階乗、つまり100!の末尾には、
何個の0が連続して並ぶでしょうか。

A 答えは…
20個
100は10×10だから、
0の個数も10倍!

B 答えは…
24個
実際に数えたよ。

C 答えは…
200個
ズバリ100倍!

初級

「円すい」を英語で言うと?

A 答えは…
cylinder
聞いたことあるんだ。

B 答えは…
pyramid
確かこんな形だと…。

C 答えは…
cone
見た目でわかるでしょ。

解答編

上級

正解は　答え A

この図形をフラクタルな図形と言います。
いろいろな分野で使われていて、まるで細胞分裂のようなイメージです。
1秒ごとに1つの線分が3等分されて山を作りますから

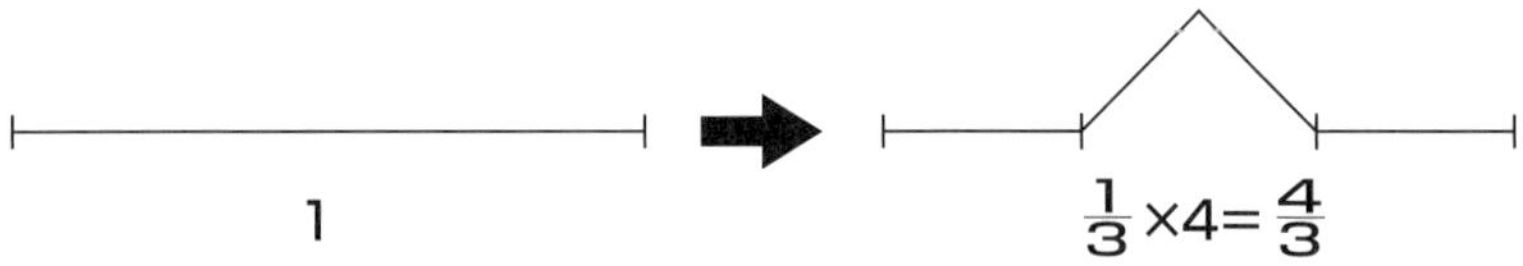

1つの線分は左図のように $\frac{4}{3}$ 倍になります。

したがって、この図形の長さは $\frac{4}{3}\times\frac{4}{3}\times\frac{4}{3}\times$……と続きます。
これを式にすると、n秒後の図形の長さは $\left(\frac{4}{3}\right)^{n}$(m)です。

$\left(\frac{4}{3}\right)^{20}\fallingdotseq315$(m)　(20秒後)

$\left(\frac{4}{3}\right)^{21}\fallingdotseq420$(m)　(21秒後)

$\left(\frac{4}{3}\right)^{22}\fallingdotseq561$(m)　(22秒後)

$\left(\frac{4}{3}\right)^{23}\fallingdotseq747$(m)　(23秒後)

東京スカイツリーの高さ634mを越えるのは23秒後となります。

計算をもう一回
見直してみよう。

直感だけじゃダメだよ。

中級

正解は 答え B

10=2×5なので、2と5がひと組で10が1つできます。
例えば、1×2×3×4×5×6×7×8×9×10の場合、
$1\times2\times3\times4\times5\times6\times7\times8\times9\times10=2^8\times5^2\times3^4\times7$　ですから、
2×5のパックが2つできます。つまり、末尾には0が2つ並びます。さらに2の個数と5の個数では、2の個数の方が多いので、2×5の組は5の個数分になります。
ということは…。
100!の素因数5の個数がいくつあるかがわかればよく、さらにそのためには、5の倍数の個数をチェックすればOKです。
5×10×15×20×25×30×35×40×45×50×55×60×65×70×75×80×85×90×100を計算すると、このなかに素因数5の個数は24個あることがわかります。したがって、2×5のパックは24パックできますから、末尾には0が24個並ぶことになります。

A

10倍、はちょっと単純すぎるね。

B

C

当てずっぽうすぎるのでは?

初級

正解は 答え C

よく道路で赤い円すいを見ませんか?
あれをコーンと言いますよね。

A

シリンダーは
「円柱」なんだ。惜しい。

B

「角すい」だ。エジプトの
ピラミッドは四角すいだよね。

C

先輩に聞け！

大学ナビゲーター

立教大学

コミュニティ福祉学部 福祉学科1年

堀内《ほりうち》 美杉《みすぎ》さん

福祉の勉強と並行して教職課程の勉強も頑張る

――立教大のコミュニティ福祉学部を志望した理由を教えてください。

「小さいころから学校の先生になりたいと思っていたので、教員免許が取得できる大学と学部を探していました。なかでも私は社会が好きなので、社会の教員免許を取得できるところを中心に受けました。立教大のコミュニティ福祉学部福祉学科は、社会の教員免許が取得できるだけではなく、ワークショップなどの実習を通して子どもたちとの接し方を学ぶことができるので、入学を決めました。」

――お気に入りの講義はありますか。

「福祉学科に所属しているので福祉関連の講義が多いですが、私はやはり社会が好きなので、『政治学』や『社会学』などの社会系の講義を受けるのが一番楽しみです。

ほかには、1クラス約20人ずつくらいで行う1年次必修の『基礎演習』という講義も楽しいです。担当の先生によってどんな講義を行うかは自由なようで、私のクラスでは、各自が持ち寄った福祉に関するニュースをくじびきで決めた4～5人のグループ内で発表し、そのニュースについて話しあいました。そして、グループ内でその内容をまとめ、最終的にクラス全体の前でプレゼンテーションを行いました。私たちのクラスの先生は、生徒の意見を取り入れてくれるので、講義のほかに親睦を深めるためのスポーツレクリエーションを行うこともあったりと、和気あいあいとした雰囲気で講義が進んでいきました。」

――難しいと感じる講義はありますか。

「『コミュニティー福祉学入門』という、学部全体で受ける1年次の必修科目です。これは、福祉学科、コミュニティ政策学科、スポーツウエルネス学科の3学

教員をめざし 子どもとの接し方を 学んでいきたい

科の先生が交代で登場し、毎回違う先生が講義を行うのですが、コミュニティ政策学科の講義は、普段なじみのない内容なので難しく感じてしまうんです。

しかし、どんな靴なら速く走れるかを研究しているスポーツウエルネス学科の先生の講義は、具体的な数値を交えて細かく説明してくれたので、興味深く聞くことができました。」

——コミュニティ福祉学部がある新座キャンパスのよさはなんですか。

「池袋キャンパスに比べて学生数が少ないからか、学生同士仲がいいのはもちろん、先生との距離も近いですし、警備員さんも毎日あいさつしてくれて全体的にアットホームな雰囲気です。

学園祭も小さい子からお年寄りまで幅広い年代の方が来てくださるので、大学の学園祭というより地域のお祭りという感じで、温かみのある催しになっています。」

——これからの目標を教えてください。

「2年生からは『福祉ワークショップ』が始まります。これは実習形式の講義で、10ある分野のなかから自分が興味のある分野を選んで実習に行きます。私は児童福祉の分野に希望書を提出したので、児童福祉施設に行く予定です。先輩の話を聞いていると、実習は厳しいことも多いそうで大変だと思いますが、子どもとの接し方を学べる貴重な機会なので、しっかり学んで将来の職業に活かしていきたいです。」

——将来の夢を教えてください。

「やはり学校の先生になりたいです。福祉学科の履修科目のほかに、教職課程を履修すれば中学校の社会・高校の公民の教員免許を取得できるので、それらの取得をめざして、福祉学科の勉強も教職課程の勉強も頑張っていきたいです。」

【フットサルサークルの活動】

男女混合のフットサルサークルに所属しています。先輩も優しいですし、居心地もいいので、初心者の私でも毎回楽しく活動できています。毎回の練習のほかにも「ワールドカップ」という名の大会をサークル内で開催したり、学園祭でおしるこのお店を出したりしました。女子のなかでは、3月に開催される女子向けの大会に出場してみようかという話も出ています。また、フットサルサークルのほかに、アカペラサークルもかけ持ちしています。

【先生に恵まれていた高校受験時】

科目として好きなのは社会ですが、高校受験時に得意だったのは数学と英語です。

数学は中2のころは苦手でしたが、中3から通い始めた塾の先生の教え方が上手で、わからなかったところもどんどん理解することができました。

英語ももともとはそこまで得意というわけではありませんでしたが、先生が人間的にも尊敬できる人だったので、先生に教えてもらったから成績が伸びたというところを見せたいという気持ちで勉強を頑張っていたら、自然と得意科目になっていました。

【周りの人の支えに感謝】

家族はもちろん、キットカットをくれた先輩や、手作りのお守りを作ってくれた後輩、受験をいっしょに戦っていた同級生など、いろんな人に支えてもらいながら受験を乗り越えました。いま思い出してもジーンとするくらい、周りの人に感謝しています。

【受験生へのメッセージ】

模試などで悪い結果が出てしまうと、気持ちが落ち込んでしまうと思います。私も模試で悪い結果が出てしまったことがありますが、そのときはたまたま調子が悪かっただけで、努力を積み重ねていれば絶対大丈夫だと、自分を信じて受験に臨みました。みなさんも自分を信じ、模試の結果に左右されずに長い目で見て受験を乗りきってください。

堀内さんが所属するフットサルサークルの様子。

新座キャンパスにある立教学院聖パウロ礼拝堂。

ウマにちなむ慣用句 上

今年はウマ年だね。そこで、ウマにちなむ慣用句を紹介しよう。

「生き馬の目を抜く」。生きているウマの目を抜くことは不可能。そこから、とても素早い行動で、利益をあげることをいう。「東京は生き馬の目を抜くところだから、ぼやぼやしてたら、ひどい目にあうよ」なんて使う。

「天高く馬肥《こ》ゆる秋」。秋は空が澄み渡っていて、収穫も終わり、馬も肥えてたくましくなる、ということから、過ごしやすい秋の季節を例えていう言葉だ。

「意馬心猿《いばしんえん》」はウマの気持ち、サルの心という意味で、そこから、理性を失った欲望や自制心のない状態をいうんだ。

「馬が合う」。気が合う、意気投合すること。じゃあ、なぜウマかというと、ウマに乗る人とウマの息が合って、乗馬がうまくいくことからきているんだ。

「馬の耳に念仏」はウマに念仏を唱えても、ありがたみはわからないよね。そこから、人の意見や忠告を聞かず、聞き流してしまうことをいう。「あいつに説教してもムダだよ。馬の耳に念仏だ」というふうに使う。「馬の耳に風」「馬耳東風《ばじとうふう》」も同じ意味だよ。

「牛飲馬食《ぎゅういんばしょく》」はウシのように飲み、ウマのように食べるという意味で、大量に飲食すること。「暴飲暴食」と同じだね。

「犬馬《けんば》の労」は主人のためにイヌやウマが必死に働くことから、主君、上司、友人のために一生懸命尽くすことだ。例えば、「彼の犬馬の労のおかげで、上司は事業で成功した」とかね。

似ているけど、「汗馬《かんば》の労」というのもある。ウマが汗をかくほど走らせたということから、戦争でウマを駆って活躍すること。転じて戦争で手柄を立てることだ。

「牛は牛連れ馬は馬連れ」は狂言から出た言葉で、同じ趣味や嗜好を持つ者がいっしょに行動することだ。例えば、学校で釣りが好きな者が集まって、休みの日に釣りにいくとするときなんかに使うよ。

「竹馬《ちくば》の友」は、幼いときにいっしょに竹馬《たけうま》に乗って遊んだ、という意味から幼なじみのことをいうんだ。

ウマにちなむ慣用句は、まだまだたくさんある。来月も続くよ。

ミステリーハンターQの
歴男歴女養成講座
春日 静
中学1年生。カバンのなかにはつねに、読みかけの歴史小説が入っている根っからの歴女。あこがれは坂本龍馬。特技は年号の暗記のための語呂合わせを作ること。好きな芸能人は福山雅治。
山本 勇
中学3年生。幼稚園のころにテレビの大河ドラマを見て、歴史にはまる。将来は大河ドラマに出たいと思っている。あこがれは織田信長。最近のマイブームは仏像鑑賞。好きな芸能人はみうらじゅん。
ミステリーハンターQ
(略してMQ)
米テキサス州出身。某有名エジプト学者の弟子。1980年代より気鋭の考古学者として注目されつつあるが本名はだれも知らない。日本の歴史について探る画期的な著書『歴史を堀る』の発刊準備を進めている。

下剋上

「下剋上」という歴史の言葉、みんなも聞いたことがあるよね。言葉の意味と代表的な出来事を答えられるように勉強しよう。

勇 この間、「下剋上《げこくじょう》」という言葉を聞いたんだけど、どういう意味なの？

MQ 「下剋上」は日本史の言葉だね。下位の者が軍事的、政治的に力を得て、上位の者を排除して、取って代わる風潮のことをさすんだ。「剋」は「勝つ」という意味で、「下が上に勝つ」という意味だ。

静 いつごろの言葉なの？

MQ もともとは古代中国の言葉だけど、日本で使われたのは平安時代末期ころかららしい。建武の新政のころに京都の二条河原に張り出された「二条河原の落書」にも「下剋上する成出者《なりでもの》」という文章がみえる。

勇 建武の新政あたりから盛んになった現象なんだ？

MQ とくに１４６７年の応仁の乱以降は激しくなって、上下の身分関係が崩れていくんだね。

静 例えばどんなことがあったの？

MQ １４８５年にいまの京都府である山城の国で起こった一揆では、武士、町人、農民などが団結して、守護大名を追い出して8年間も自治を行ったり、現在の石川県の加賀の国では、１４８８年に一向一揆が起こって守護や室町幕府の軍を破って、１００年近くも自治を行ったんだ。

勇 戦国武将にも下剋上はあったの？

MQ 織田信長は有名だね。現在の愛知県である尾張の国の守護は斯波《しば》氏だったけど、織田氏はその守護代だった。しかも、信長の父の信秀は織田家の三奉行の1人にすぎなかった。しかし、次第に力をつけて織田一族のなかで最強となり、斯波氏を追い出して、尾張の支配権を確立していったんだ。その息子の信長は、さらに力をつけて、足利将軍を追放して京に上り、もうちょっとで天下統一をするところだったのは、知っているよね。

静 下剋上を取り締まることはできなかったの？

MQ 室町幕府の力が弱く、いわば弱肉強食の時代だったから、取り締まることは不可能だったけど、守護大名に取って代わった戦国大名たちは分国法と呼ばれる独自の法令のようなものを作った。そこには家臣が勝手に武力を使うことを禁止する条項もあって、下剋上を防ぐ意味もあったといえるね。

織田信長亡きあと、豊臣秀吉によって天下が統一されると、下剋上の風潮は姿を消していくことになるんだ。

あたまをよくする健康

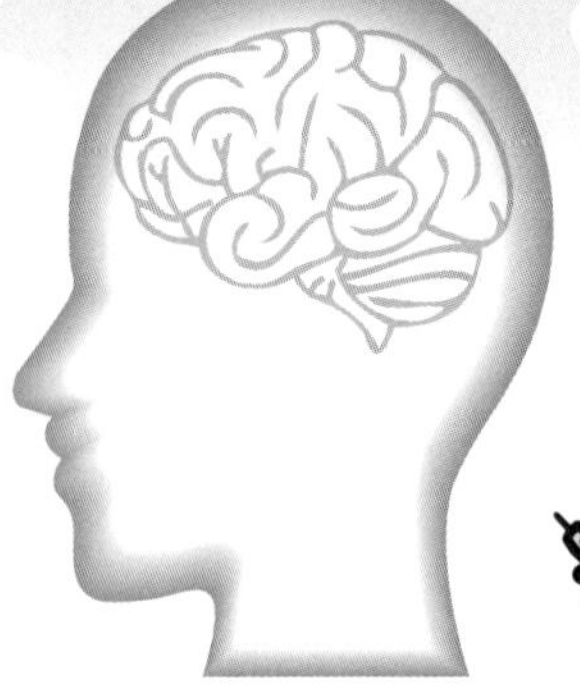

今月のテーマ

骨粗鬆症

ナースであり
ママであり
いつも元気な
FUMIYOが
みなさんを
元気にします！

by FUMIYO

ハロー！　Fumiyoです。突然ですが、みんなの骨は丈夫かな？　自分で手首を握ってみたりして、割としっかりしてそうな感じ？　でも、自分の骨が実際にどうなっているのか見てみようと思っても、なかなか見ることができませんよね。

そんな骨の病気の1つに、骨粗鬆症《こつそしょうしょう》があります。みなさんは骨密度検査をしたことがありますか？　骨密度とは、骨のなかにカルシウムやマグネシウムなどの成分がどれくらい含まれているかということを数字で表したものです。骨密度が低下すると、骨がもろくなり骨折しやすくなります。これが、骨粗鬆症です。

個人差はありますが、骨密度は成長とともに増えていき、女性では20～25歳前後、男性では25～30歳前後でピークを迎えます。その後、中年から初老にかけてその状態をキープしたあとは、徐々に低下していきます。女性は更年期を迎えると女性ホルモンが減少し、骨密度が低下するため、男性よりも女性の方が骨粗鬆症になりやすいといわれています。

このように、加齢に伴ってかかりやすい病気というイメージがありますが、最近では、骨密度のピークであるはずの20代でも骨密度が低下してきている骨粗鬆症予備軍が増えてきています。なぜ若い人でも骨粗鬆症予備軍になってしまうのでしょうか？　それは、無理なダイエットによる食事制限で、骨を形成するために必要なカルシウムが不足してしまうことが原因だといわれています。さらに、ファーストフードやインスタント食品などの偏った食事による栄養不足、スナック菓子などから、カルシウムの吸収を妨げ、骨の形成を邪魔するリンなどの成分を大量に摂取してしまうことも原因の1つとなっています。食事面だけではなく生活面でも、運動不足であったり、不規則な生活を送っていたりする人が多く、骨が形成されるのに大事な10代でこのような生活をしていると、丈夫な骨が形成されません。骨密度が低いまま加齢を迎えてしまうことになると、その後どうなるか想像するのも怖いですよね。

では、骨粗鬆症にならないために、どんなことに気をつければよいのでしょうか？

① カルシウムを多く含む食品をとりましょう。

→カルシウムはチーズ・納豆・しらす・小松菜などに多く含まれていますので、これらの食品を食事に積極的に取り入れましょう。

② 運動量を増やしましょう。

→運動量が少ないと、骨密度は低下してしまいます。ジャンプを取り入れた運動は、骨に刺激を与えることができるのでおすすめですが、ウォーキングなどの手軽な運動でも骨に負荷をかけるには十分なので、効果があります。

③ ホルモンの分泌を促しましょう。

→睡眠を十分にとること、そして、規則正しい生活を送ることで、成長ホルモンが分泌され、丈夫な骨が作られます。

しっかりと勉強をするためには、丈夫な身体が欠かせません。上記の３つのポイントを心がけて、骨粗鬆症にならないようにいまから気をつけておきましょう。

Q1

カルシウムの吸収を高めるものは次の3つのうちのどれでしょう？

①ナイアシン　②ビタミンＫ　③ビタミンＤ

正解は③のビタミンDです。

ビタミンDが含まれている食品は少ないですが、日光に当たると皮膚がビタミンDを作ってくれます。日焼けに注意しながら、適度な日光浴を取り入れてみましょう。

Q2

人間の身体は、何個の骨からできているでしょう？

①約180個　②約200個　③約300個

正解は②の約200個です。

生まれたばかりの赤ちゃんの骨は、300個以上もあります。成長とともに減っていき、大人では、大体200～206個の骨の数になるそうです。

SUCCESS NEWS

サクニュー!! ニュースを入手しろ!!

産経新聞編集委員
大野 敏明

◀PHOTO 京都府などが主催した「日本料理文化博覧会」の賞味会に出された料理の一部＝2013年10月、東京都文京区のホテル椿山荘東京（写真:時事）

今月のキーワード

「和食」が世界遺産に

日本の食文化である「和食　日本人の食文化」が、2013年12月、ユネスコ（国連教育科学文化機関）の世界無形文化遺産に登録されました。

無形文化遺産は、世界遺産が建築物や遺跡、あるいは自然を対象にしているのに対し、文化や伝統工芸、芸能などが対象で、文化財を保護するために設けられているものです。

日本では2001年に「能楽」が登録されたのが最初で、2003年には「人形浄瑠璃文楽」、2005年には「歌舞伎」が登録されました。2009年には「雅楽」「小千谷縮」など14件が一挙に登録され、これまでの登録数は22件にのぼっています。

いずれも芸能や文化的行事、特産品などで、「和食」のような食事そのものが登録されたのは、日本では初めてです。

「和食」の登録に関しては、2011年から農林水産省が中心となり、ユネスコへの申請の検討がなされ、2012年に申請が行われました。その内容は、四季の変化に富んだ食材を使用し、栄養のバランスのとれた食事構成、年中行事との結びつきなどが、文化遺産にふさわしいというものでした。

日本は四季の変化が美しい国です。「和食」の素材も四季の変化をうまく取り入れています。また、食材は野菜、魚介類が中心で、動物性タンパク質や過度の脂肪を押さえた内容で、健康管理上も優れているとされ、すし、天ぷらなど海外でも「和食」は高い人気を得ています。こうしたことは日本人の長寿の一因にもなっていると言われています。

さらに正月のもち、めでたいときの赤飯や尾かしらつきのタイなど、年中行事や人生の節々にも密接な結びつきがあります。

また、「和食」は「目で食べる」と言われるほど、美しく盛りつけをすることにも特徴があります。さらには皿や鉢といった食器との組み合わせにも気を配っており、「和食」が芸術的だと言われるゆえんでもあります。

こうした総合的な観点から「和食」が無形文化遺産に登録されたわけですが、現代の日本人は、必ずしも「和食」だけを食べているわけではありません。むしろ、動物性タンパク質を大量に摂取する西洋型の食生活が中心になりつつあり、西洋型の成人病も増加傾向にあります。

今回の登録を契機に、世界の人々に「和食」のよさをＰＲするとともに、私たち日本人も「和食」のよさを再認識する必要があるのではないかと思います。

2人のきずな

最強のふたり

2011年／フランス
監督:エリック・トレダノ、オリヴィエ・ナカシュ
「最強のふたり　Blu-rayコレクターズ・エディション」発売中
発売元:ギャガ
販売元:アミューズソフト
4,935円(税込)

富豪と介護人のきずなを描いた実話

日本で公開されたフランス語映画で歴代１位の観客動員数を記録した本作は、頸髄《けいずい》損傷で身体が不自由な富豪と、その介護人との友情を描いた実話です。

身体の自由がきかないフィリップは、住み込みの介護人として、貧困層に暮らす黒人の若者ドリスを選びます。彼だけは自分のことを障害者としてではなく、１人の人間として扱ってくれたからでした。価値観や趣味、生活習慣などまったく共通点のないドリスとフィリップ。しかし、２人が心を寄せあうには、そんなことは関係ありませんでした。お互いを尊重しあうことで、２人はきずなを強めていきます。音楽の趣味を分かちあうシーンも印象的です。フィリップの好きなクラシックと、ドリスの好きなヒップホップはまったく異なる趣向ですが、お互いに好きな音楽を聴かせあい、それぞれのよさを楽しみます。「違い」を否定するのではなく認めて受け入れることで２人は相手を高め、自らを高めていきます。

２人の友情を描いた本作は多くの共感を集め、東京国際映画祭グランプリをはじめ、数々の賞を受賞しました。

フレンズ もののけ島のナキ

2011年／日本
監督:山崎貴、八木竜一
「フレンズ もののけ島のナキ　通常版」
DVD発売中
￥3,800(税抜)＋税
発売元:小学館
販売元:東宝

切なく温かい愛情と友情の物語

原案となっているのは、小学校の教科書にも採用されたことのある浜田廣介の児童文学『泣いた赤おに』。約50年も昔に描かれた物語が、美しいCGアニメ映画として鮮やかに蘇りました。

もののけと人間は、かつて闘い、殺しあった仲。戦に敗れたもののけたちは小さな島へと追いやられ、人間社会と隔離されて暮らしていました。人間たちが想像するもののけは、凶暴で恐ろしい存在。また逆に、もののけが想像する人間も凶暴で残酷な存在でした。

ところがある日、人間の赤ん坊・コタケがもののけの島に取り残されることから、事態は変わっていきます。世話役を任された赤鬼のナキは、生活をともにしていくなかでコタケを愛おしく思うようになります。しかし、人間ともののけの確執を取り除くことは簡単ではありませんでした。そんな傷ついたナキの姿を見た親友の青鬼グンジョーが見せる友情とは？　そしてナキとコタケは？

もののけであるナキと人間であるコタケのきずな、そしてナキとグンジョーのきずなが、それぞれ描かれています。

相棒―劇場版―絶体絶命！42.195km 東京ビッグシティマラソン

2008年／日本
監督:和泉聖治
「相棒－劇場版－絶体絶命！42.195km
東京ビッグシティマラソン　通常版」
DVD発売中
3,990円(税込)
発売元:ワーナーホームビデオ

絶妙のコンビプレーで事件に挑む

テレビでは12シーズンにわたって放映されるほどの人気ドラマシリーズ「相棒」の映画化第１作。東大出身のエリート警部・杉下右京（＝水谷豊）と、行動力と正義感が取り柄の若手巡査部長・亀山薫（＝寺脇康文）の名コンビが、難解な事件に挑みます。

本作の事件の舞台は、１万人ものエキストラを動員して撮影されたという東京ビッグシティマラソン。犯人はこのマラソン大会の参加者や観衆をまきこんだ犯行を予告してきます。明晰な頭脳で小さなヒントを頼りに犯行予告を解読する右京、その右京に全幅の信頼を寄せ、行動力と判断力で指示を体現する亀山。２人は「静」と「動」という正反対の性格をした相棒。その２人が絶妙のコンビプレーで次々と難題に挑んでいくストーリーにハラハラドキドキ、最後まで目が離せません。

謎解きとアクションだけにとどまらない脚本の奥深さも相棒シリーズの人気の理由の１つ。

真相は？　そして真実は明らかになるのでしょうか？

『風が強く吹いている』

素人軍団が箱根をめざす??
楽しく熱い1年が始まった

◆『風が強く吹いている』
著／三浦 しをん
刊行／新潮社
価格／840円＋税

日本のお正月の風物詩の1つ「箱根駅伝」。今年のお正月も、家族のみんなとテレビで観た人も多いんじゃないかな。もしかしたら、直接応援に行った人もいるかもしれないね。

直木賞作家・三浦しをんの「風が強く吹いている」は、その箱根駅伝出場をめざす大学生のストーリーを描いた小説だ。この小説がユニークなのは、箱根駅伝出場をめざすメンバーのほとんどが素人であるということ。

物語はボロボロのアパート「竹青荘《ちくせいそう》」に住む寛政大学4年生・清瀬灰二（通称・ハイジ）が、銭湯の帰りに美しいフォームで走り去る（なぜ走り去るのかは本書を読んでほしい）1年生・蔵原走《かける》を見つけたところから始まる。

その走りを見たハイジは、寛政大学の学生ばかり9人が入居している竹青荘に走を迎え入れ、大学入学以来温め続けていた「箱根駅伝に竹青荘のメンバーで出場する」という想いを実行に移す。箱根駅伝には最低でも10人の選手が必要なのだ。

しかし、ハイジ、走の2人以外は、長距離走の経験なんてまったくない人や、高校時代に陸上部だったけれど、それ以来まったく走っていない人など、普通に考えれば、およそ箱根駅伝に出場するなど考えられないメンバーばかり。

当然、ハイジが突然このメンバーで箱根駅伝をめざすことを宣言したあとは、走も含めて全員が反対するという事態になった。

だが、反対されることなど想定内のハイジは、これまで培ってきた竹青荘内での信用や力関係を巧みに使い、最後は全員を参加させてしまう。

ここから、まずは箱根駅伝出場に必要な予選突破のための猛練習がスタートするのだが、いかんせん、長距離走の素人ばかりのチームだから、前途は多難。そんななかで、彼らはいかに練習を積み、予選会を迎えるのか、そして、果たして彼らは箱根駅伝に出場することができるのか。

ただのスポ根小説とは一味違う、個性豊かなメンバーの軽やかだけど熱い1年を、ぜひ味わってみてほしい。

高校受験 ここが知りたい Q&A

Q 部活と勉強の両立が難しいです。なにかコツはありますか。

運動系の部活を熱心にやっています。ただ、練習で身体が疲れてしまい、学校や塾の授業中に居眠りをしてしまうことがあります。自宅でも長い時間勉強ができず、親からは「勉強ができないなら部活をやめなさい」と言われます。どうしたら部活と勉強の両立ができますか。

（川崎市・中1・TM）

A 学校や塾の授業を大切にすることで部活と勉強は両立できます。

運動系の部活と勉強の両立で悩んでおられる人は多いようです。とくに、中学１年生のみなさんは、中学校生活を１年間経験してきて、部活と勉強の両立をどうやって図っていくかが課題となっている時期でしょう。

中学校生活においては、部活も勉強もどちらも大切なものです。ただ、運動部に加入している場合、身体を動かすことで疲れが出ることは避けられないかもしれません。でも、その疲労のせいで勉強ができないというのは、理由になりません。そして、それがわかっているので、ご相談されたのだろうと思います。

運動による疲労度は、今後、慣れてくることで少しずつ減ってくることもあるでしょう。大切なのは、学校や塾の授業中に居眠りをしないと決意することです。「絶対に寝ないぞ」と心に決めるだけで居眠りはしなくなるものです。部活で時間がないからこそ、毎時間の授業を大事にして集中することが、勉強と部活を両立させるベストの方法です。

忘れやすいことですが、授業中の姿勢にも注意しましょう。イスに深く腰掛け、背筋を伸ばして正しい姿勢を意識することで居眠りをしなくなり授業に集中できるようになります。

勉強も部活も頑張って、充実した中学校生活を送ってください。

なんとなく得した気分になる話

生徒　先生

身の回りにある、知っていると
勉強の役に立つかもしれない知識をお届け!!

急がば回れ??

忙しい、忙しい、授業しているヒマがない！

先生、なにを言ってるの？　先生の仕事は、授業することでしょ？　それなのに、授業しているヒマってなに？　ヒマなときに授業をしているの？　それ、ひどくない？

いや、言葉が悪かった。まあ、なんというか、時間がないんだよ。

なんで、そんなに忙しいの???

成績やら学校の分掌《ぶんしょう》とか…。

分掌ってなに？

分担して仕事をすることかな。学校ならではの言葉かもしれないね。先生は授業だけしているわけじゃないんだ。じつは学校業務はそれ以外にもたくさんあるんだよ。

ふーん。てっきり授業だけだと思ったよ。そうそう、「1マイル」ってどのくらいの長さなの？

今日は唐突な入り方だなあ…（笑）。それでは、ご質問にお答えいたしますと…。ところで、その「1マイル」は陸？　海？

なに言ってんのかわからないよ。ちゃんと教えてよ。

ごめんごめん。マイルには、陸のマイルと海のマイルがあるんだよ。陸のマイルは、約1609m、海のマイルは1852mなんだよ。

陸と海で違うんだね。どうして？

少し難しい話なんだけど…。陸のマイルの由来は、紀元前750年くらいの古代ローマの時代に、人の歩幅２歩を１パッススと呼び、のちのち、この千倍が１マイルに定められたとのことらしい。まあ、現実的と言えば現実的だけど、ちょっと、古代ローマの方々は足が長いような気もするな。

じゃあ、海のマイルは？

地球儀を見ると、緯度が書かれているよね？　この１度分の大きさとしているんだ。もちろん、地球は完全な球形ではないから、国際会議でこの緯度１度分の平均的な値、1852mを海の１マイルに定めたんだ。別な言い方で１海里とも言うんだ。

そうなんだ。

アメリカに行くと、道路の速度制限が60と書いてあるのを見かけるんだ。これをまともに日本の速度制限で見てしまうと、時速60km。周りの車がどんどん自分を抜いていく。なぜだかわかるかい？

要するに、アメリカの速度制限標識は時速60マイルってことだよね？

そうだ！　じゃあ、その時速60マイルは時速何kmだ？

えっ？　約1609m×60で約96540mだから、ざっと時速96km？　100km近いの？

そうなんだよ。自分の車がどんどん抜かれるはずだ（笑）。

日本もマイルに変えれば、どんどん速く行けるのになあ…。

“狭い日本そんなに急いでどこ行くの”。

なにそれ？

昔の日本の標語。

そんなのあったんだ。いまのスピード社会には合わないね。

確かにね。なんでも早い方がいいからなあ。でも、そのぶん、みんな考えることをしないよな。

考える前にPCにスマホ！　これ常識！

いや、待ってくれ。「熟慮」と言う言葉がある。なんでもかんでも早く解決するのはいいかもしれないが、それが正しいかどうか、たまには考える必要もあるよ。

そういう先生は、いつも考えてるの？　ヒマ見て授業してるんでしょ？

先生をからかってはいかん！　思考の暴走を止めるのが私の仕事でもあるんだから！　だから、なんでもかんでも早ければいいってわけではない。“急がば回れ”と言うだろ。

年をとって、若さのスピードについていけないんだね！

じつはそれもある。やはり歳には勝てぬ…。

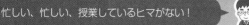

Success Ranking

OECD生徒の学習到達度調査(PISA)ランキング

今回は、2012年に65カ国・地域が参加して実施された、いわゆるPISAのランキングを紹介しよう。近年は日本の学生の学力低下が話題にのぼることも多いけれど、この結果からは、そうとも言い切れないことがわかるね。

数学的リテラシー

順位	国・地域名	平均得点
1	上海	613
2	シンガポール	573
3	香港	561
4	台湾	560
5	韓国	554
6	マカオ	538
7	日本	536
8	リヒテンシュタイン	535
9	スイス	531
10	オランダ	523
11	エストニア	521
12	フィンランド	519
13	カナダ	518
13	ポーランド	518
15	ベルギー	515
16	ドイツ	514
17	ベトナム	511
18	オーストリア	506
19	オーストラリア	504
20	アイルランド	501
20	スロベニア	501
22	デンマーク	500
22	ニュージーランド	500
24	チェコ	499
25	フランス	495

読解力

順位	国・地域名	平均得点
1	上海	570
2	香港	545
3	シンガポール	542
4	日本	538
5	韓国	536
6	フィンランド	524
7	アイルランド	523
7	台湾	523
7	カナダ	523
10	ポーランド	518
11	エストニア	516
11	リヒテンシュタイン	516
13	ニュージーランド	512
13	オーストラリア	512
15	オランダ	511
16	ベルギー	509
16	スイス	509
16	マカオ	509
19	ベトナム	508
19	ドイツ	508
21	フランス	505
22	ノルウェー	504
23	イギリス	499
24	アメリカ	498
25	デンマーク	496

科学的リテラシー

順位	国・地域名	平均得点
1	上海	580
2	香港	555
3	シンガポール	551
4	日本	547
5	フィンランド	545
6	エストニア	541
7	韓国	538
8	ベトナム	528
9	ポーランド	526
10	カナダ	525
10	リヒテンシュタイン	525
12	ドイツ	524
13	台湾	523
14	オランダ	522
14	アイルランド	522
16	オーストラリア	521
16	マカオ	521
18	ニュージーランド	516
19	スイス	515
20	スロベニア	514
20	イギリス	514
22	チェコ	508
23	オーストリア	506
24	ベルギー	505
25	ラトビア	502

(灰色の網掛け)はOECD非加盟国・地域

※データは文部科学省国立政策研究所より

受験情報

東　京

武蔵が海外進学・留学プログラム

武蔵大学や武蔵中高を運営する学校法人根津育英会武蔵学園は、テンプル大学ジャパンキャンパスの協力を得て今夏8月から海外の大学への進学や留学を考えている中高生を対象とした英語による課外プログラム「Musashi Temple RED Programs」を開講する。募集は都内の施設に通学できる2014年度中1生と中3生の男女。コースがレギュラーコースとサマーオプショナルコース（夏季のみ）に分かれており、定員それぞれ24名。その内容は科学を中心とする英語によるイマージョン教育で、詳しくはオフィシャルサイト http://www.red.musashigakuen.jp/ まで。

首都圏

慶應大が附属高生対象に留学制度

慶應義塾大は、2014年度から附属高校生を米国の寄宿制学校（ボーディングスクール）に留学させる制度（全額給付）を始める。世界から集まった優秀な高校生と寝食をともにすることで、国際的に通用する人材に育てるのが狙い。対象は慶應（神奈川県）、慶應志木（埼玉県）、慶應女子（東京都）、慶應湘南藤沢（神奈川県）の4校で、初年度は2人派遣する。TOEFLで120点満点中90点以上が条件で、希望者のなかから書類選考と面接で選抜する。派遣期間は2年生の9月から翌年6月。帰国後は原則留年せず、3年生に復学できる。

15歳の考現学

動き出す高校でのグローバル人材養成 日本の「学び」を変えていく可能性も

始まるSGH事業に注目し 多くの難関進学校も応募

いよいよ文科省のスーパーグローバルハイスクール事業（以下、SGHと略）が、来年4月から動き出すことになりました。

50校の指定枠に、いまのところ500余校の応募校が予定されているので、約10倍の競争率です。

グローバル人材の養成という狙いであるとともに、リーダー養成ということから、国際化に注力している難関大学や、国際機関などと提携したプログラムであることが応募の条件となります。

ですから、高校でしかるべき難関高校に入り、その高校にこうしたSGHプロジェクトがあれば、あなたもグローバル・リーダー養成プログラムに応募できる可能性が開かれます。

もっとも50校がどういった学校になるかは、選考結果が公表されるまではわかりません。

いまの中2のみなさんにはこのような選択が可能というわけです。なにしろ国の予算（各校1年約1600万円×5年間）がつくのですから、いわば国費留学生といってもよいので、各校のプランの内容が充実していることが予想されます。

これとは別に慶應義塾大や学習院大（確か立教大も）の附属高では、在学中に1年間、アメリカの名門プレップスクールに選抜されて留学しています。学習院は長くこの1年留学をしていますが、その後、そういった生徒は確かに系列大学に進学するものの、なかには海外の大学に転学するケースもあるそうです。

各私学独自の留学プランが大学附属校に多くみられるのは、やはり大学受験の心配がないからだと見られてきました。しかし、今回進められるSGHでは、附属校ではなく進学校の高校で取り組む例がかなり増えそうです。また、事実、何校かの難関高校がこの事業に応募しているようでもあります。

このような事例は大学入試の事情に、なにか少なからぬ変化があるからなのでしょうか。それがないとすれば、大学入試事情が変わらないのに、例えば高校生活のうちの1年間を海外で送るメリットが大きいとは考えられません。

森上《もりがみ》 展安《のぶやす》

森上教育研究所所長。1953年、岡山県生まれ。早稲田大学卒業。進学塾経営などを経て、1987年に「森上教育研究所」を設立。「受験」をキーワードに幅広く教育問題をあつかう。近著に『教育時論』（英潮社）や『入りやすくてお得な学校』『中学受験図鑑』（ともにダイヤモンド社）などがある。

大学が始める推薦入試でも国際的な学びが評価される

変化として考えられるのは、国際教育を進める大学側から見て、高校で海外の高校生とコラボレートすることを学んだ生徒は、よりその大学の国際教育の効果を活かしやすいと考えるからでしょう。

例えば２０１６年の大学入試から東大・京大で推薦入試が取り入れられます。ほかの難関国立大もそれにならって対応することでしょう。実際、筆者がよく知る事例でも、いわゆるこれらに匹敵するレベルの一流大学が、こうした中高の国際教育とコラボをすることを考えています。

前述したようなプロジェクトを通じてよく学んだ生徒を、その大学の国際教育を通じていっそう大きく育てることは双方によいばかりか、なにより当人と、わが国の人材育成にとって効果的です。

つまり、一種の推薦入試を想定してこうしたプロジェクトが稼働すれば、受験生の個性と能力はよく理解され、まさに推薦入試の該当者にふさわしいといえます。

受験生からすれば、高校での留学体験が推薦入試で評価されるとなれば、一般入試よりも取り組みがいがあるでしょう。

海外大学進学においては「入試はない」といわれます。重要視されるのはこうした高校在学中の業績です。もちろんアメリカのＳＡＴやイギリスのＡレベルのように資格検査はありますが、日本の入試のように偏差値の考え方ではなく、あくまで基準を超えているかどうかで、その基準は十分見通しをもって乗り越えることが可能なものです。

筆者は先日、ある中学校の数学の授業を見学したのですが、そこでは関数や比例のことを学んだあとで、具体的な時事問題を用いて、問題解決を求めていました。

しかし、やはりやり慣れていないせいでしょうね。よくある関数や比例などの文章題なら、この中学校のレベルならなんの問題もなく解けるのでしょうが、具体的な時事問題にそれを応用するとなると勝手が違うのでしょう、先生の狙い通りには授業の運びが進みませんでした。これをみて思うことは、日常の問題解決学習で数学的な考え方を適用しようということに本当に慣れていない、ということです。

彼らの多くは数学の点数はおそらく平均以上で、関数や比例の文章問題の、それも発展問題くらいはなんなくこなせることでしょう。

なぜならその中学校の入試はそうでなくては通らないからです。つまり「わかった」はずの生徒が、現実の応用的問題の解決には慣れておらず、結局のところ問題解決につながっていないのが現状のようです。

これでは中学入試の意味も問われかねませんが、もっと大切な点は、関数や比例の、いわゆる試験問題は解けても、現実にそれを用いるような頭の働き方はきわめて弱いという点です。

じつは、海外大学に進学をすれば、あるいは海外高校に留学すればわかることですが、そこで問われるのは、こうした問題解決への応用力だ、ということです。

一方の、わが国の教科教育は現実問題には向きあうことはなく閉じられています。他方、欧米の教科教育の水準はいまひとつですが、現実問題に開かれていて、学習した内容、知見が活かされるのです。

この違いは大きいですね。グローバルな教育というのは、日常的にはどのようなことなのかわからないという方も少なくないでしょう。

しかし、学校で習っていることが、どのように社会に向けて活かされていくのか、ということがすなわちグローバルな教育だ、ということであればそれはとても大切なことだ、と考えられるのではありませんか。

わが国の勉強は、入試を通じて鍛えられているという事実があります。その文化のうえに、入試それ自体の方向が変わることになれば、勉強のやり方もまた、違ってくることでしょう。

これまでは、教科内容のことをよく理解する「内容知」を鍛え、確かめる勉強でした。しかし、これからは実際問題に応用してみる、という「応用知」を鍛え、確かめる勉強をつけ加えていく必要があります。それがグローバル人材養成ということの核心にある学び方の真髄です。

英語の上達にとって、実際に使用して通じるということが大切なものであることはだれしも認めることでしょう。じつは、数学でも理科でもそれは同じことなのです。活用していくことを通じて、より上達していくという面を大切にしたいですね。

また仮にＳＧＨ指定校で学ばないにしても、こうした授業を受ける機会を増やせるとよいと思います。

私立
INSIDE

私立高校の特徴と魅力をそのタイプから知る

この「私立インサイド」のページでは、首都圏にある私立高校の特色や入試システム、また、受験動向などについて、受験生のためになる情報をお伝えしていくコーナーです。私立高校が第1志望の人も、公立高校が第1志望の人も受験直前になって慌てることがないように、いまから「学校を知る」準備を進めましょう。

受験は学習の積み重ねと学校の情報収集が大切

学年が進む4月がいよいよ目前に迫ってきました。

とりわけ中学2年生のみなさんは、受験というものが現実味を帯び、「頑張るぞ」と思っている人もいれば、「いやだなぁ」と考えている人もいるのではないでしょうか。

「いやだなぁ」と思っている人の多くは、受験そのものに漠然とした不安感を持ち、「どのように受験準備を進めたらよいのかわからない」ということも、「いやだ」の一因となっているのだと思います。

そこで今回は、受験準備としてどのように情報収集を進めたらよいのか、とくに私立高校受験を念頭においてお話ししたいと思います。

受験準備とは、もちろんまずは学力をつけていくことですが、勉強もさることながら事前の情報集めも大切な要素となります。入試日程や入試システムの理解、学校情報の収集などです。

それらを手に入れるためには、中学校での進学説明会や、学校の先生、進学塾の先生からの情報に敏感になることです。また、それに加えて、各高校の学校説明会に出かけて学校の特徴を把握していくようにすることが自分のためになります。

しかし、そうは言っても、すべての学校に足を運ぶわけにはいきませんから、まずは志望する学校群を絞り込む作業が必要になります。そのためには、自分がどのような道に進むのかを考えることが必要になってきます。

66ページの『高校入試の基礎知識』でも述べていますが、高校にはさまざまなタイプがあります。私立高校にも分類として、共学校、男子校、女子校の3タイプ、進学校か大学附属校かの2タイプ、普通科、専門学科、総合学科の3タイプがあり、志望する高校がどのタイプにあたるのか、これらを組み合わせて理解していかなければなりません。

私立高校の魅力は多様性 自分に合う学校を探せる

ここではまず、私立高校が国立・公立高校とはどう異なるのかという点を理解していきましょう。

違いの1つとして、私立高校は各

校が独自に定めた教育理念、教育方針のもとに教育を進めているということがあげられます。

国立高校は各国立大学の教育実験校です。公立高校は各都道府県、市や町が設立しており、教育理念もその自治体が統率していますので、その自治体内の学校は方針が異なるということはありません。

これに対して私立高校は個性豊かで多様です。私立高校の場合、設立したのは個人であったり宗教団体だったりします。

創立者などの考えが、建学の精神や教育目標に反映されていますから、学校によって特色が違っています。

このことは、じつは大きなメリットです。人間に個性があるように学校に個性があるのですから、家庭の方針や自分の適性、夢や目的に応じた学校を選び取ることができるのです。

公立高校は各自治体の教育委員会が定めた指針によって学校が運営されますから、どうしても画一的な印象があります。対して私立高校は自校の方針に基づいて個性的、特徴的な教育を展開することができます。

ですから、各校にどのような個性があるのかを知らなければなりません。まずは、市販の学校ガイドや各校のホームページ、学校案内といった資料を見てみましょう。

例えば英語教育に力を入れ、通常の授業のほかに会話やコミュニケーション能力重視の授業を追加したり、留学制度を充実させている学校があります。難関大学進学に向けた独自の特別コースを持っている学校も少なくありません。さまざまな行事への取り組みやボランティア活動の推奨などで、みなさんの人間性を高める情操教育に力を入れている学校もあります。

このように特色豊かな学校のなかから、みなさんの将来やりたいことや目的に合わせた学校選択ができるのが私立高校なのです。

また、冒頭の学校のタイプで述べた共学校、男子校、女子校について言えば、公立高校はそのほとんどが共学校です。男子校・女子校のプラス面を享受しようとすれば、私立高校に目を向けた方が得策です。

大学受験をしないでいい 大学附属校という選択肢

特色のある学校を選択できるというメリットに加え、一部の私立高校には大学受験をする必要がない学校があります。それが大学附属高校です。

早大、慶應義塾大、ＭＡＲＣＨ（明治大、青山学院大、立教大、中央大、法政大）など、各私立大学が運営する附属校の場合、そのほとんどにおいて、大学への内部進学、推薦制度を持っています。

こうした高校に進学すると大学受験にとらわれない指導が可能となるため、さまざまな教育を展開することができ、実地体験重視や情操教育、国際理解教育を重んじる学校が多く見受けられます。放課後の時間を自分のやりたい部活動や趣味にあてたりできる自由な時間を確保しやすいという点も大学附属校の特徴です。

なお、国公立大学にも附属高校はありますが、こちらは系列大学進学へのアドバンテージはなく、その大学に進みたいとしても一般受験をする必要があります。

私立高校は学費が高いが それだけでの評価は禁物

では、次に私立高校を選ぶ場合のデメリットもあげておきます。

私立高校の場合は公立高校よりも個性が強い傾向がありますので、「入学してみたら、その学校の個性と自分との相性が悪く、学校生活を楽しく満喫できない」といったミスマッチのケースがあげられます。これではあまりに不幸ですから、事前に志望校の中身を十分に研究して知っておくことが重要です。

もう1つのデメリットと見られるのが、私立高校は国立、公立に比べて学費が高いという点です。ただ、高校授業料無償化制度は見直され、この4月からは公立と私立の費用格差は縮まります。

また、大学附属校に進んだ場合は大学受験のための費用はなくなりますし、私立高校で大学進学に力を入れている学校に進めば、公立高校で大学受験のために外部で使う費用よりも少なくて済む傾向があります。

また、私立高校は独自の奨学金制度や特待生制度を持っている学校も多く、それらの利用も考えられます。

「学費が高い」というだけで評価の針をマイナスに振ってしまうのではなく、学費が高いぶんだけのメリットがほかにあるのではないか、という視点で考えてみましょう。

メリット、デメリットともに一面性にとらわれず、多角度から検討して志望校を選択していくことが肝要です。

志望校調査から探る2014年度都立高校入試

安田教育研究所 副代表 **平松 享**

都内の公立中学校では、毎年、中学3年生の「志望予定調査」を行っています。1月上旬に新聞各紙に発表された志望倍率は、実際の倍率とは異なりますが、今春の都立入試の全体像を知るには欠かせない資料です。これをもとに、進学指導重点校などを中心として、今春の入試を探ります。

都立志望率下がる 志望倍率は横ばい

都内にある公立中学校の今年の卒業予定者数は、7万7471人。10年ぶりに7万7000人台を超えています。このうちの約7割が都立高校を第1志望に決めています。

男女別の都立志望率は、男子68・0%、女子73・8%で、前年より男子は0・3%、女子は1・2%低くなりました。

しかし都立全体の平均志望倍率は、昨年と同じ1・33倍と、これまでの最高値にとどまっています。

学科別の志望倍率を昨年と比べると、普通科（学年制）男子は、1・35倍で変わらず、同女子は、1・42倍とわずかに低下しました。

普通科単位制も、昨年の1・42倍から1・38倍に低下しました。推薦枠が20%に縮小された影響が出ています。

逆に昨年、2年続いた低下から脱した総合学科は、今年も上昇しました。

国際科（一般生徒）は、3年前から、1・58倍→1・85倍→2・04倍と急伸してきましたが、今年は1・93倍と一服しています。

都立高校学科別平均志望倍率

平均志望倍率	今年	昨年
都立計	1.33	1.33
普通科学年制(男)	1.35	1.35
普通科学年制(女)	1.42	1.43
普通科単位制	1.38	1.42
商業科	0.99	1.07
国際科	1.93	2.04
科学技術科	1.5	1.38
総合学科	1.3	1.27

都立中高一貫校 募集減の影響残る

昨年、都立中高一貫校4校（**大泉**、**富士**、**南多摩**、**三鷹**）が高校の募集を大幅に減らしました。

その影響で、前年まで4校を志望していた層が、**北園**、**駒場**、**小金井北**、**神代**、**武蔵野北**などに移動して、倍率を大幅にアップさせました。

今年も同じような現象が続いています。加えて、**北園**の志望者の一部が高倍率を避けて、**文京**に移るなど、雪崩《なだれ》のような移動が起こっています。さらにこれと連動するように、中堅校に倍率の高い学校が次々に現れています。

志望倍率の高い学校は、普通科（学年制）では、男子が、①**広尾**…2・

34倍、②**小金井北**…2・32倍、③**駒場**…2・22倍、④**日比谷**…2・21倍、⑤**文京**…2・20倍など、女子は、①**広尾**…2・58倍、②**向丘**…2・44倍、③**三田**…2・36倍、④**神代**…2・30倍、⑤**文京**…2・27倍など、中堅校が多く並び、進学指導重点校や、エンカレッジスクールなどが多かった数年前とは、一変しています。

男子は最上位が
女子は中位が伸ばす

下のグラフでは、普通科（学年制）の都立高校を、模試の合格基準で5つのレンジに区切り、平均志望倍率の3年推移を調べました。

男子では、最上位（800点台）が高く、下方に移るにつれて徐々に低くなっています。

今年は最上位と、上位（700点台）が上昇していますが、全体の分布の様子は昨年とほとんど変わりません。

女子では、左方に台状の倍率の高いゾーンが出来ています。今年は中位（600点台）が、昨年の1・53倍から1・63倍に急上昇して、全体のトップになりました。

逆に下位（500点台）のくぼみが深くなりました。今年は卒業予定者が前年より1600名以上増えるため、募集人員を普通科学年制の学校で行ったことが原因とみられます。

中下位では、定員割れに近いケースが予想される学校も出ています。

進学指導重点校
志望倍率下がる

募集人員の増加は、進学指導重点校の**戸山**と**国立**でも実施されます。各1学級ずつ前年より募集人員が増え、両校の新1年は、9学級になります。進学指導重点校が募集人員を増やすのは、指定以来初めてのことです。

これによって、7校の募集人員の総計は、昨年までの2174名（男子1136名、女子1038名）から、2254名（男子1185名、女子1069名）へ、合計80名（男子49名、女子31名）増加しています。

一方、今年の志望者数は7校合計で、男子が2088名、女子が1649名と、昨年より62名の増加にとどまりました。その結果、平均志望倍率は男子が1・76倍（昨年1・78倍）、女子は1・54倍（同1・59倍）と、昨年よりやや下がりました。

一部で混乱を招いた
グループ作成

昨年まで、一般入試の学力検査（国語、数学、英語）を、各校が作成した独自問題で実施していた方法を改め、2014年度から、グループごとに作成した問題を使うことになりました。

グループは①進学指導重点校、②進学重視型単位制（**新宿**、**国分寺**、**墨田川**）、③併設型中高一貫校（**白鷗**、**両国**、**富士**、**大泉**、**武蔵**）とし、「各グループで国語、数学、英語の問題を作成する」が、「一部、学校独自の問題と差し替えるなど弾力化を認める」というルールでした。

①の進学指導重点校では、その影響は小さいようですが、②の進学重視型単位制では大きな動きがありました。②グループの3校の合格基準は、**新宿**…830、**国分寺**…810、**墨田川**…700と、かなりの違いがあります。

そのためか**墨田川**の志望者が、昨年の499名から、388名に100名以上減っています。**国分寺**も100名以上減りました。

③の併設型中高一貫校でも、5校計で志望者が減り、平均志望倍率は昨年→今年で、1・17倍→0・93倍に低下しました。

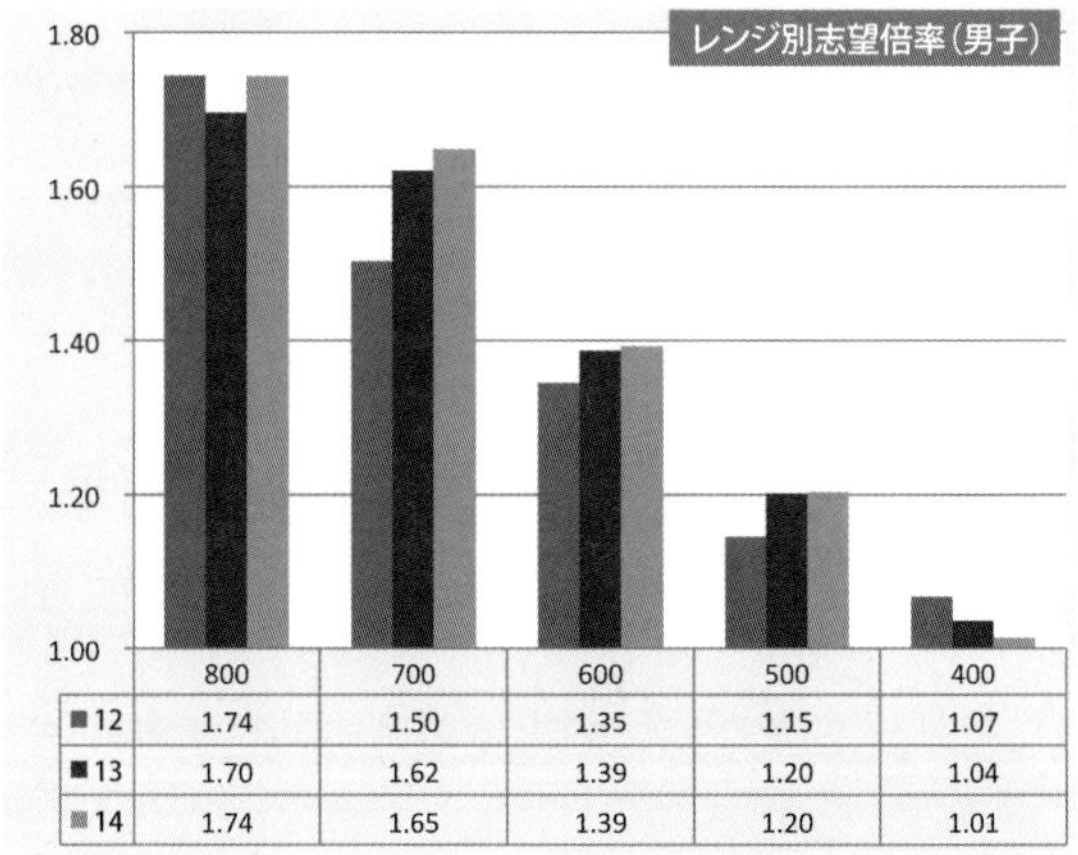

	800	700	600	500	400
12	1.74	1.50	1.35	1.15	1.07
13	1.70	1.62	1.39	1.20	1.04
14	1.74	1.65	1.39	1.20	1.01

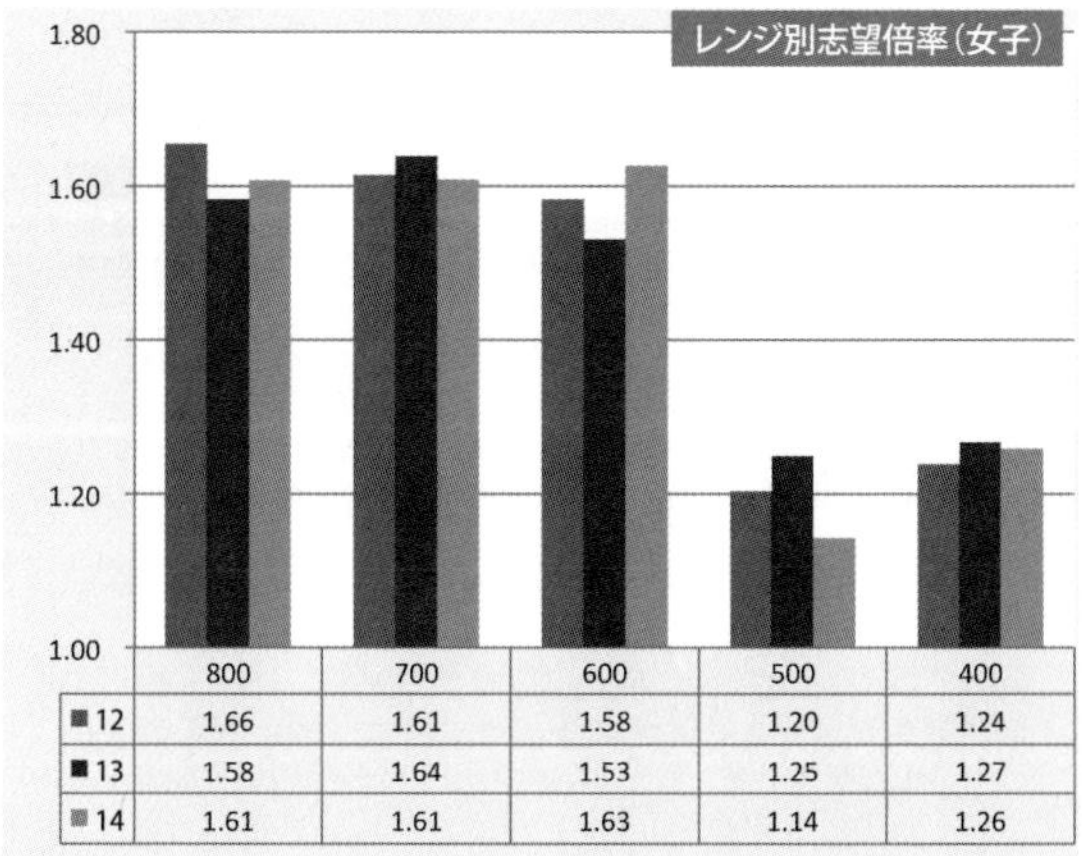

	800	700	600	500	400
12	1.66	1.61	1.58	1.20	1.24
13	1.58	1.64	1.53	1.25	1.27
14	1.61	1.61	1.63	1.14	1.26

進学指導重点校

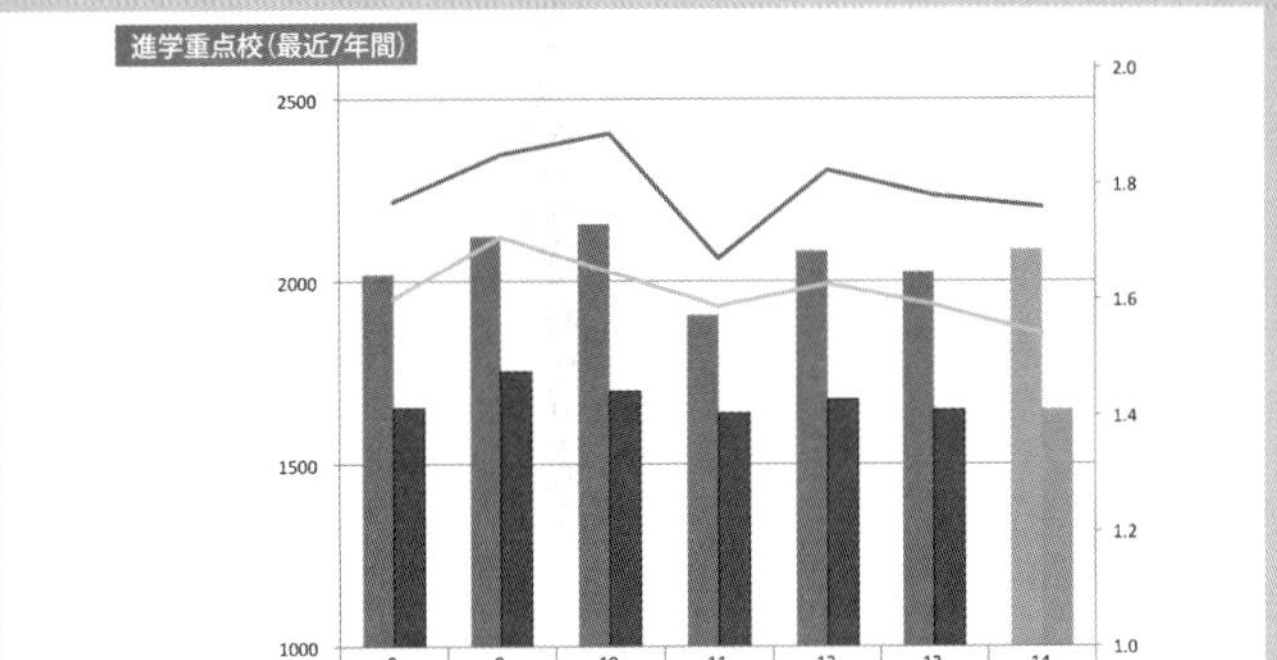

	8	9	10	11	12	13	14
男子 志望者数	2019	2124	2157	1907	2084	2027	2088
女子 志望者数	1654	1753	1699	1640	1677	1648	1649
男子 志望倍率	1.77	1.85	1.89	1.67	1.82	1.78	1.76
女子 志望倍率	1.60	1.71	1.65	1.59	1.63	1.59	1.54

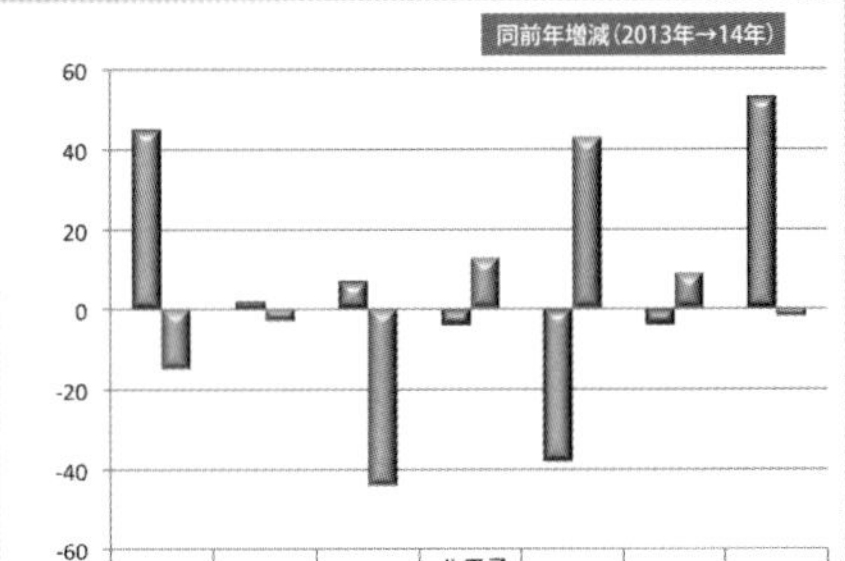

	日比谷	西	国立	八王子東	戸山	青山	立川
男子	45	2	7	-4	-38	-4	53
女子	-15	-3	-44	13	43	9	-2

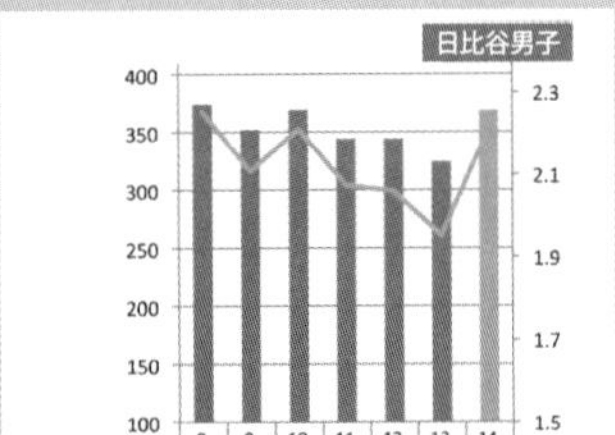

	8	9	10	11	12	13	14
志望者数	374	352	369	344	344	324	369
志望倍率	2.25	2.11	2.21	2.07	2.06	1.95	2.21

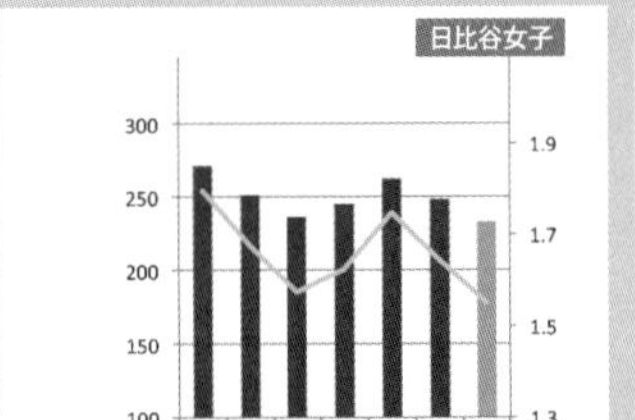

	8	9	10	11	12	13	14
志望者数	271	251	236	245	262	248	233
志望倍率	1.79	1.67	1.57	1.62	1.75	1.64	1.55

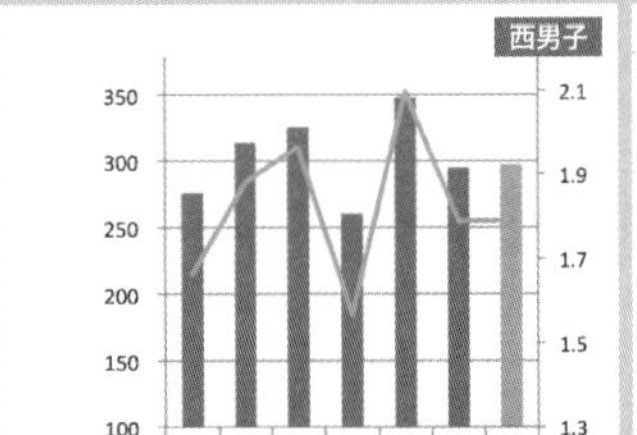

	8	9	10	11	12	13	14
志望者数	276	314	326	260	348	295	297
志望倍率	1.66	1.88	1.96	1.57	2.10	1.79	1.79

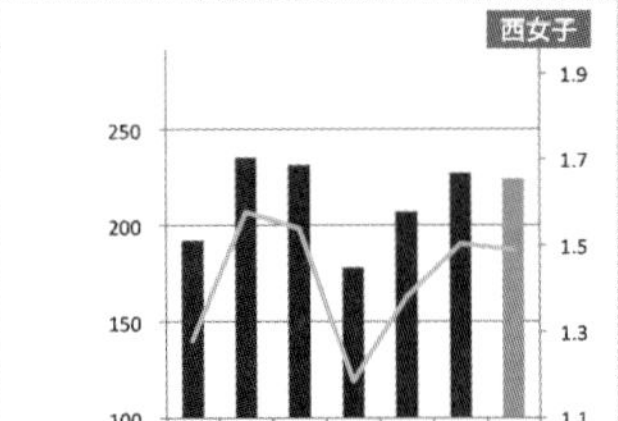

	8	9	10	11	12	13	14
志望者数	192	235	231	178	207	227	224
志望倍率	1.28	1.58	1.54	1.19	1.38	1.50	1.49

日比谷　男子が45名も増加した。過去６年間では最高の倍率。女子は減ったが高レベルの接戦が続くことに変わりはない。【前年の受検倍率は、男子…2.34倍、女子1.98倍。今春の予測は、男子2.57倍、女子1.84倍】

西　志望者数は男女とも前年並み。倍率では男子は約1.8倍、女子は約1.5倍と、進学重点校の平均付近にとどまっている。【前年の受検倍率は、男子…1.86倍、女子1.61倍。今春の予測は、男子1.83倍、女子1.58倍】

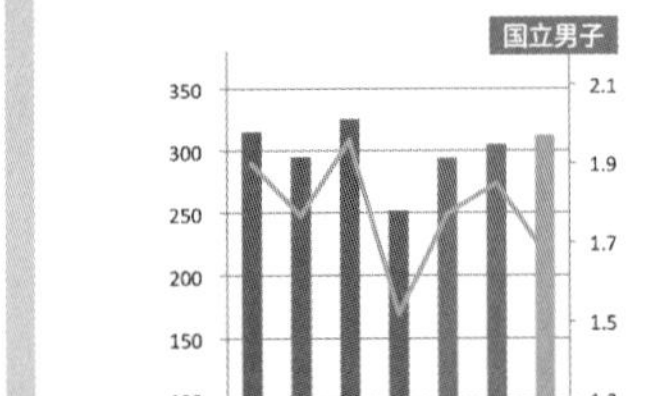

	8	9	10	11	12	13	14
志望者数	315	295	325	252	294	305	312
志望倍率	1.90	1.77	1.96	1.52	1.77	1.85	1.67

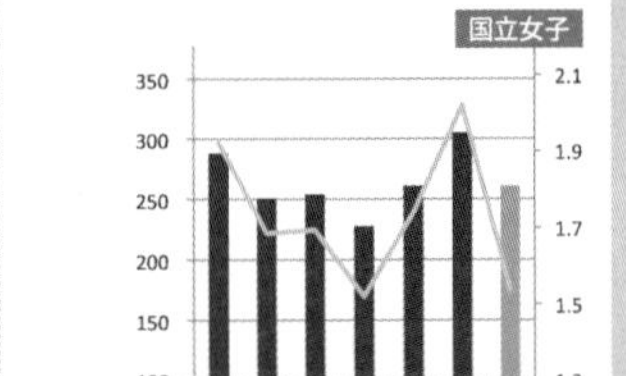

	8	9	10	11	12	13	14
志望者数	288	251	254	228	261	305	261
志望倍率	1.92	1.68	1.69	1.52	1.74	2.02	1.54

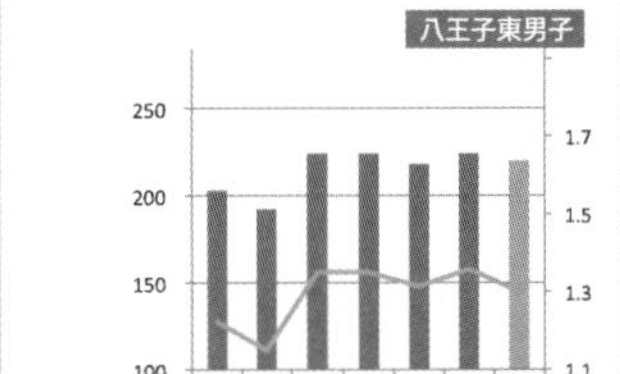

	8	9	10	11	12	13	14
志望者数	203	192	224	224	218	224	220
志望倍率	1.22	1.15	1.35	1.35	1.31	1.36	1.30

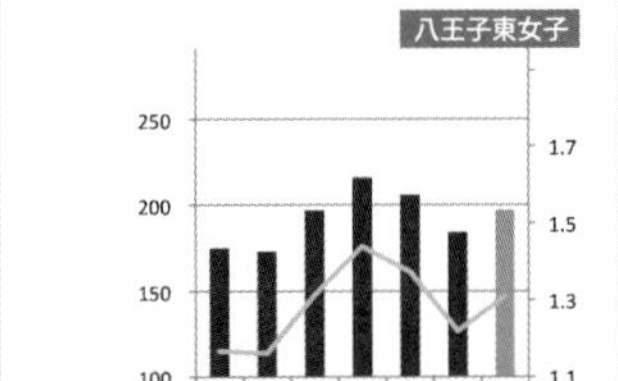

	8	9	10	11	12	13	14
志望者数	175	173	197	216	206	184	197
志望倍率	1.17	1.16	1.31	1.44	1.37	1.22	1.31

国立　男子は前年並み。女子は、昨年、前年より44名増やしたが、今年は同じ数だけ減らしている。募集学級増を行ったため、倍率は男女ともダウンした。【前年の受検倍率は、男子…1.95倍、女子1.93倍。今春の予測は、男子1.60倍、女子1.42倍】

八王子東　男子の志望者数は５年間ほとんど変化がない。低下していた女子が、やや増加した。低倍率だが人気は根強い。【前年の受検倍率は、男子…1.38倍、女子1.24倍。今春の予測は、男子1.37倍、女子1.34倍】

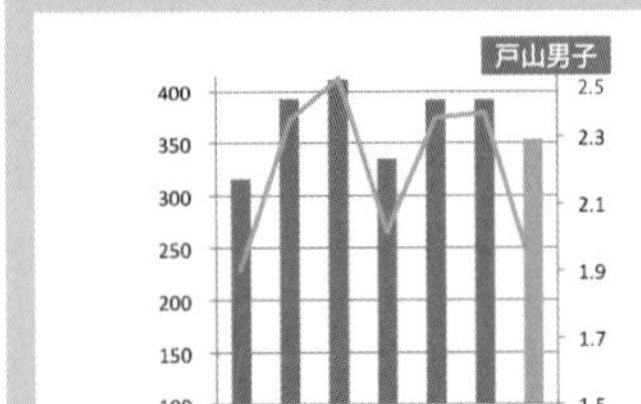

	8	9	10	11	12	13	14
志望者数	316	392	411	335	391	391	353
志望倍率	1.90	2.35	2.48	2.02	2.36	2.37	1.89

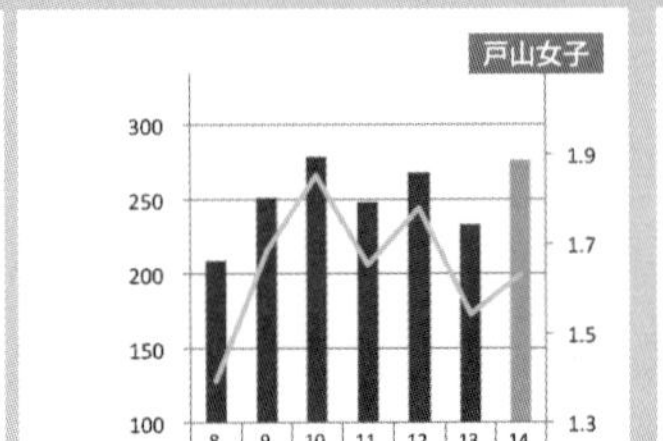

	8	9	10	11	12	13	14
志望者数	209	251	278	248	267	233	276
志望倍率	1.39	1.68	1.85	1.65	1.78	1.54	1.63

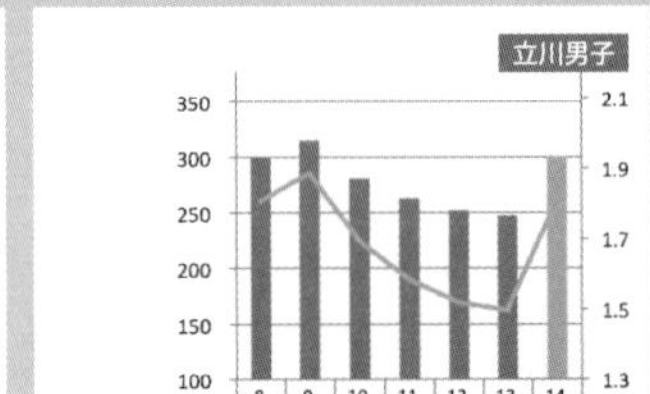

	8	9	10	11	12	13	14
志望者数	300	315	281	263	252	247	300
志望倍率	1.81	1.89	1.69	1.58	1.52	1.50	1.81

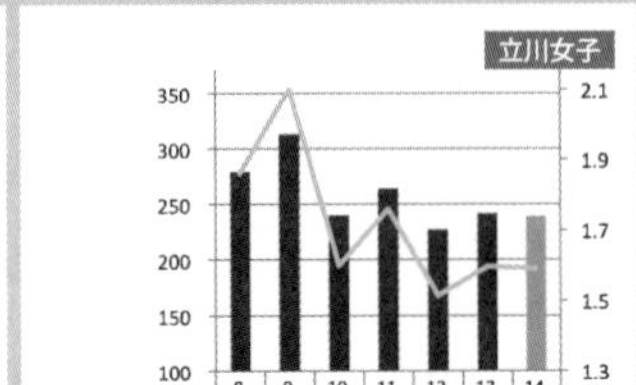

	8	9	10	11	12	13	14
志望者数	279	313	240	264	227	241	239
志望倍率	1.86	2.10	1.60	1.76	1.51	1.60	1.59

戸山　昨年、進学重点校で最多だった男子の志望者が40名近く減少、募集増で倍率は大幅に低下した。女子は増員を上回る志望者増で倍率を上げている。【前年の受検倍率は、男子…2.27倍、女子1.59倍。今春の予測は、男子1.88倍、女子1.65倍】

立川　男子の志望者が前年より50名以上増え、低落に歯止めがかかった。大学進学実績の向上(東大５名、京大４名) が貢献。【前年の受検倍率は、男子…1.66倍、女子1.48倍。今春の予測は、男子1.90倍、女子1.54倍】

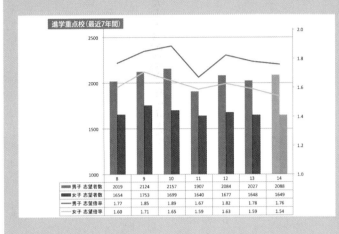

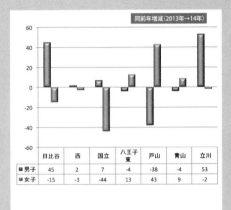

進学指導特別推進校

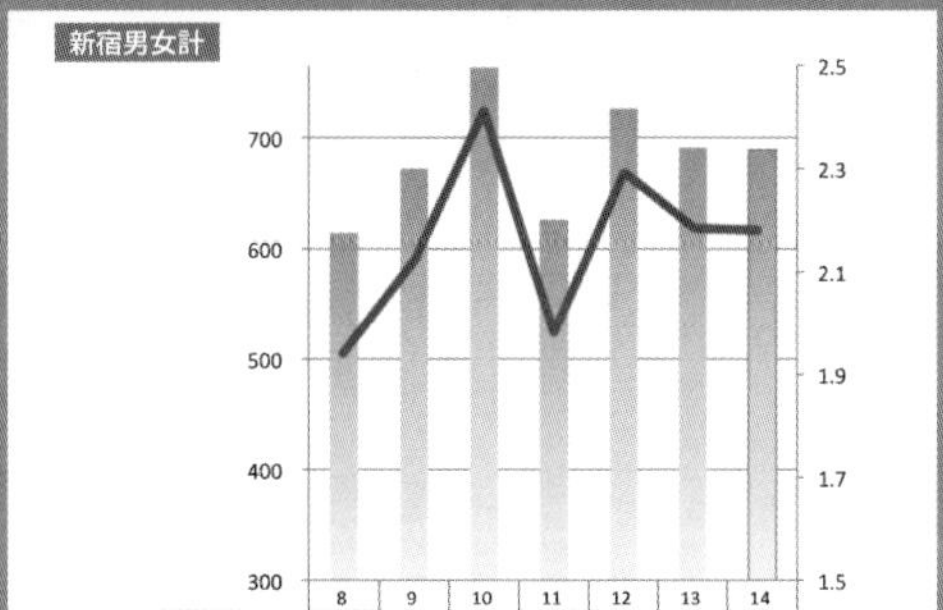

	8	9	10	11	12	13	14
志望者数	614	672	763	626	726	691	689
志望倍率	1.94	2.13	2.41	1.98	2.30	2.19	2.18

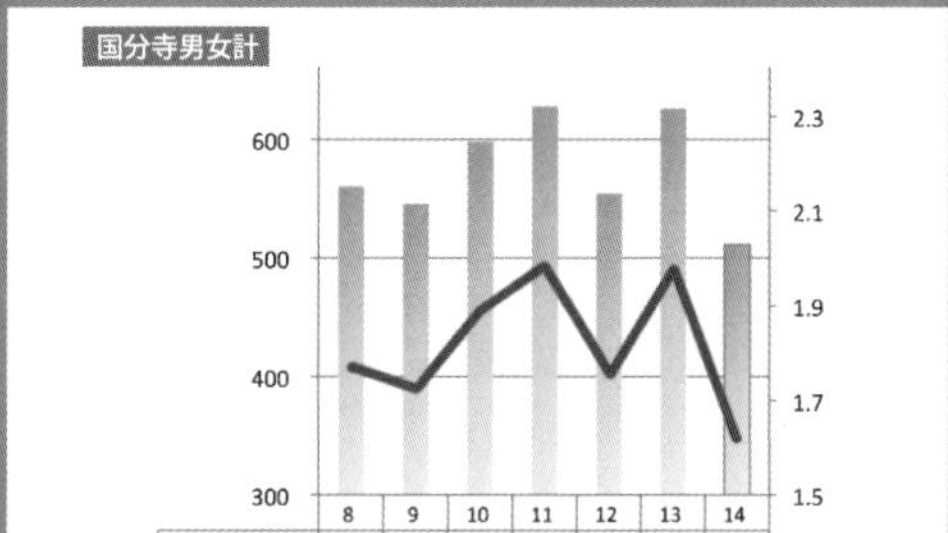

	8	9	10	11	12	13	14
志望者数	560	545	598	628	554	626	511
志望倍率	1.77	1.72	1.89	1.99	1.75	1.98	1.62

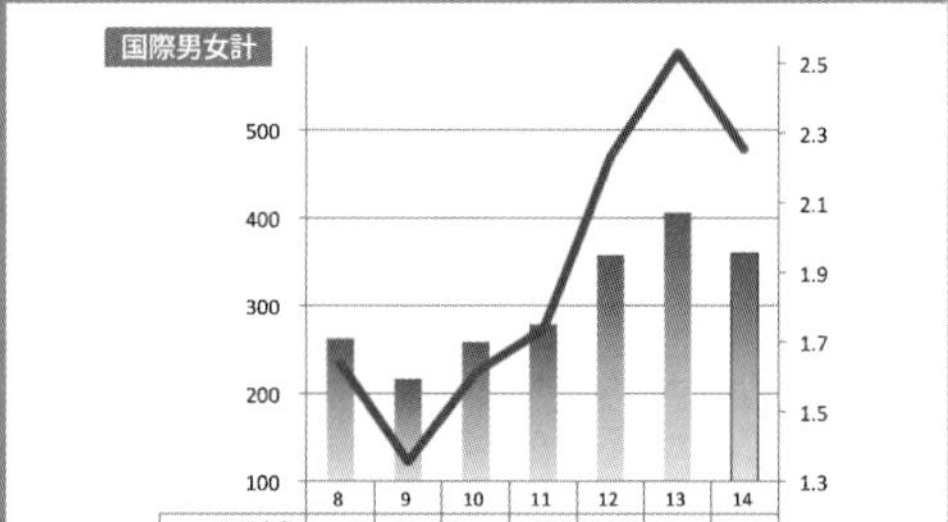

	8	9	10	11	12	13	14
志望者数	262	216	258	278	358	406	360
志望倍率	1.64	1.35	1.61	1.74	2.24	2.54	2.25

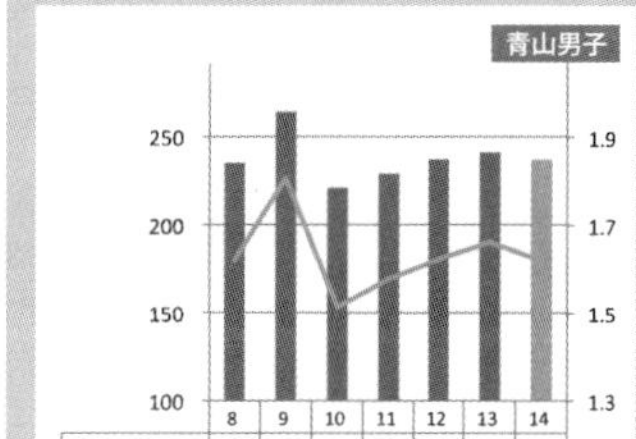

	8	9	10	11	12	13	14
志望者数	235	264	221	229	237	241	237
志望倍率	1.62	1.81	1.51	1.58	1.62	1.66	1.62

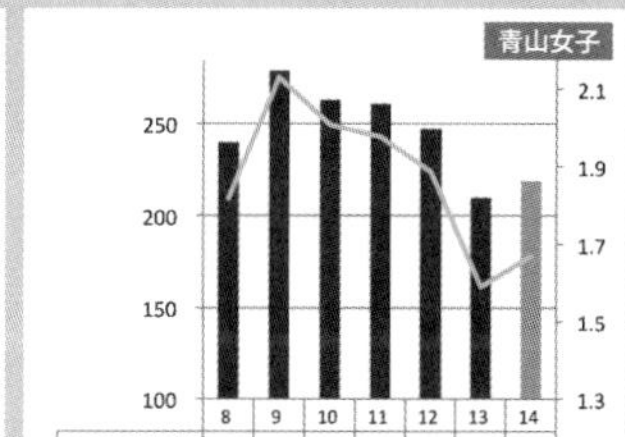

	8	9	10	11	12	13	14
志望者数	240	279	263	261	247	210	219
志望倍率	1.82	2.13	2.01	1.98	1.89	1.59	1.67

青山　男子はやや減少、女子はやや増加した。共通問題のグループ作成による影響は、さほど大きくはでていない様子だ。【前年の受検倍率は、男子…1.76倍、女子1.76倍。今春の予測は、男子1.67倍、女子1.72倍】

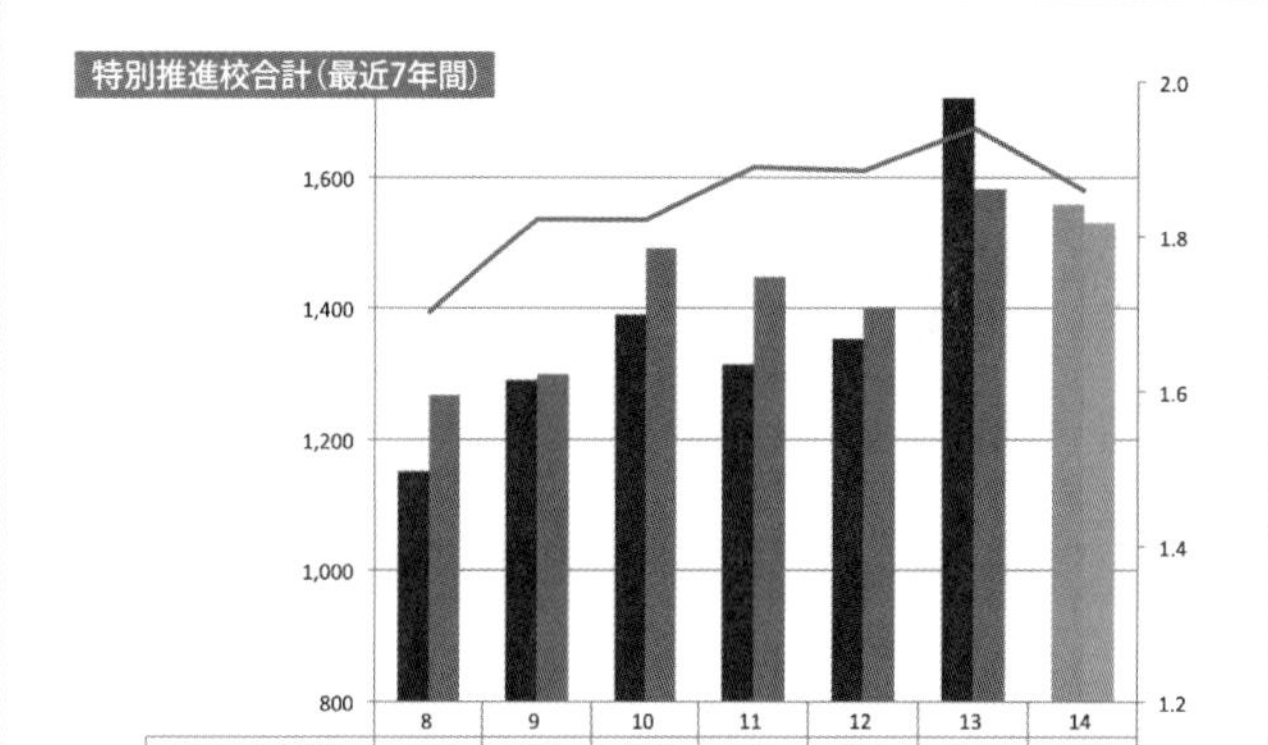

	8	9	10	11	12	13	14
女子 志望者数	1152	1290	1390	1314	1353	1721	1559
男子 志望者数	1267	1300	1491	1447	1402	1582	1531
特進校 志望倍率	1.70	1.82	1.82	1.89	1.89	1.94	1.86

進学指導特別推進校は、一昨年に国際が加わって、志望者数が急増した。今年は、その国際が志望者数を減らし、また、自校問題のグループ作成で、国分寺などの志望者が大幅に減り、特別推進校全体の志望者は前年より200名以上少なくなった。また、推進校同士では、昨年高倍率だった駒場が男女ともに敬遠され、小山台などに流れている。しばらく急伸が続いた新宿も、この3年間は、やや安定期に入っている。（小山台女子、町田女子は省略）

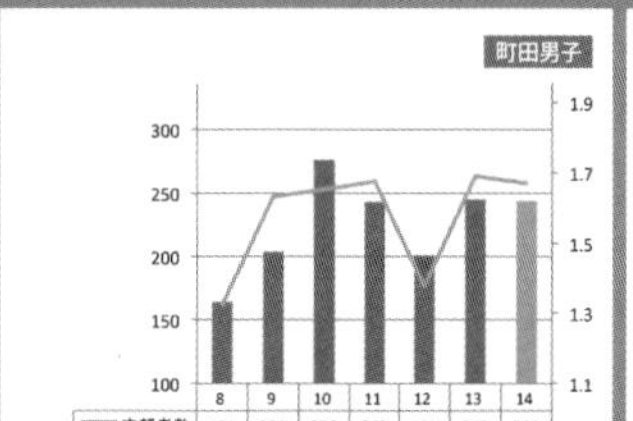

	8	9	10	11	12	13	14
志望者数	164	204	276	243	201	245	244
志望倍率	1.32	1.63	1.65	1.68	1.38	1.69	1.67

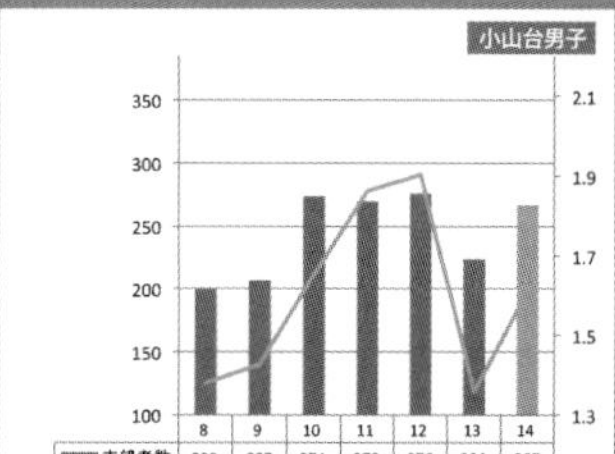

	8	9	10	11	12	13	14
志望者数	200	207	274	270	276	224	267
志望倍率	1.38	1.43	1.65	1.86	1.90	1.36	1.61

進学指導推進校

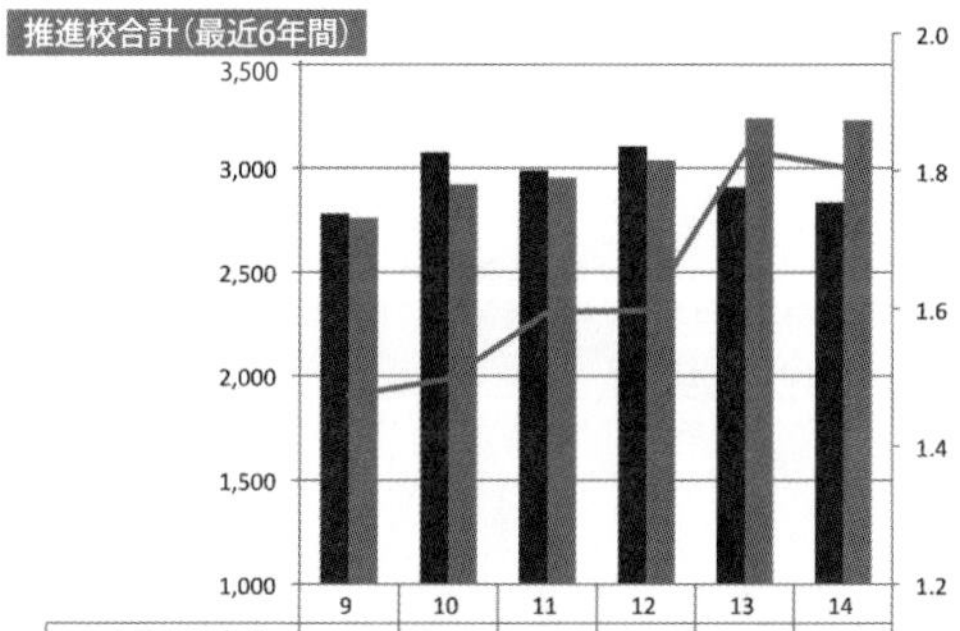

	9	10	11	12	13	14
女子 志望者数	2779	3073	2986	3102	2906	2834
男子 志望者数	2760	2918	2951	3034	3235	3226
推進校 志望倍率	1.47	1.50	1.60	1.60	1.83	1.81

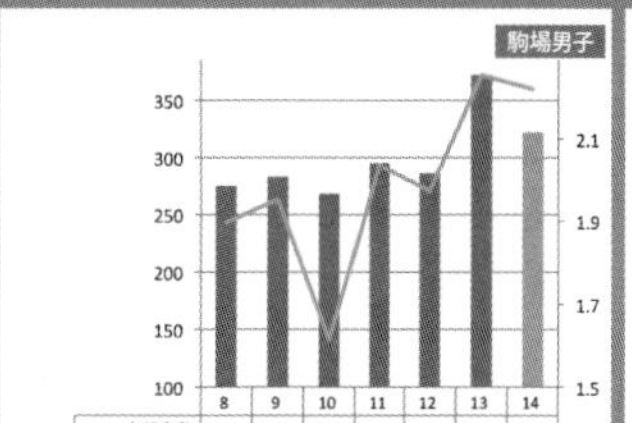

	8	9	10	11	12	13	14
志望者数	275	283	268	295	286	372	322
志望倍率	1.90	1.95	1.61	2.03	1.97	2.25	2.22

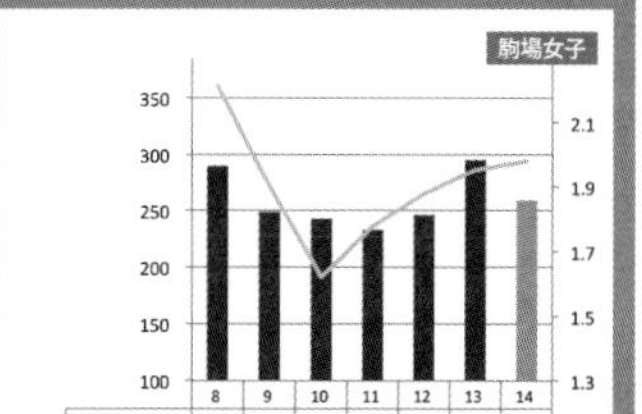

	8	9	10	11	12	13	14
志望者数	290	249	243	233	246	295	259
志望倍率	2.21	1.90	1.62	1.78	1.88	1.95	1.98

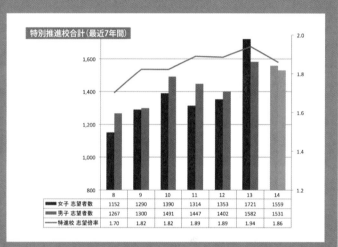

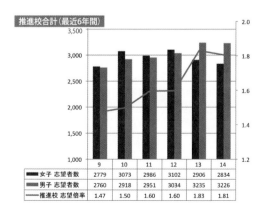

学校選びをどのように考え進めたらよいか

このページは、これから高校入試に挑もうとする受験生とその保護者が、知っておいて得する「高校入試の基礎知識」を扱うコーナーです。
1、2年生のみなさんはもちろん、受験学年である、春からの中学3年生にとって、とくに役に立つ情報を、そのときどきの話題を追いながらお伝えしていきます。

高校は設立母体によって3つのタイプがある

初めて高校入試に挑もうとする受験生がまず知ってほしいこと、それは学校を知ることです。

単に「高校」といってもさまざまな学校があります。自分に合った学校を選ぶために、高校にはどんな学校があるのかを、まず知りましょう。

高校にはその設立母体によって大きく3つのタイプがあります。国立高校、公立高校、私立高校の3つです。

国立高校は、ほとんどが各地の国立大学教育学部の附属高校として設置されています。

公立高校は、都道府県、市町村などの自治体によって、設置、運営されている高校です。

私立高校は、個人の創設者によって設立された学校もあれば、宗教法人が設立している学校もあります。各校によって教育方針も校風も多様ですから、自分に合った学校を探せるメリットがあります。

また、これら3つのタイプは、年間にかかる学費が違うので保護者の方と相談してみる必要があります。私立高校は国立・公立よりも授業料その他が高くなります。

ただ、学費に関しては、国の補助金制度が見直され、所得にもよりますが、今後私立高校に通う場合も、昨年までよりは負担が少なくなる予定です。さらに私立高校では特待生制度が充実している学校も数多くありますので、調べてみましょう。

共学校・男子校・女子校それぞれによさがある

首都圏の公立高校は、ほとんどの高校が共学です。千葉、埼玉には男子校、女子校もありますが、ほんの一部です。

私立高校では近年、男子校や女子校から共学校へと移行する学校が増えていますが、現在でも多くの男子校・女子校があります。

共学校ではなく男子校や女子校を選択できることは、私立高校のメリットとも言えます。

共学校がよいのか、男子校、女子校がよいのかは、その受験生のタイプにもよりますが、大切なことは、どのような高校生活を送りたいかを考えるところから始めることです。

共学校・男子校・女子校、それぞれの特徴を知って、自分はどの高校に進んだら充実して楽しい高校生活が送れるのかという視点で考えてみましょう。

なお、「別学校」といって、男女ともにそろっているけれども授業は別々という学校もあります。

全日制と定時制の違い 多様な定時制が増えてきた

高校には全日制と定時制があります。このほか通信制もあるのですが、このなかで定時制が、保護者の時代とはずいぶん変わってきていますので、少し触れておきましょう。

全日制は1日に6～7時間の授業を行い、高校3年間しっかり勉強して大学をめざすという学校が一般的です。

定時制の成り立ちは、本来、昼間仕事をして、終業後の夜間に学校に来て学習する生徒のために作られた課程でした。1日4時間授業で卒業するのに4年かかっていました。

しかし、近年になって、より多様な教育の機会を提供するために、これまでと異なる新しい形態の定時制が出てきました。

午前または午後に授業をする昼間定時制の学校も増えています。また、朝、昼、夜に授業を行う学校は3部制と呼ばれています。さらに都立**新宿山吹**定時制は4部制です。

東京私立の**中央大学高**や**科学技術学園**のように6時間の授業を行なって3年で卒業でき、大学進学も堅調で、外部から見ると全日制と変わらないという例もあります。

普通科と専門学科の違い 将来の進路を考えて選ぶ

全日制の学校には普通科高校と専門学科高校があります。普通科のなかには学年制（現在の保護者のほとんどが経験した学校のタイプ）と単位制（学年とは関係なく3年間で教科それぞれに必要とされる単位を取っていく学校のタイプ）があります。そのほか、総合学科高校と呼ばれる学校もあります。

普通科は、専門教育に対して普通教育を行う学校のことで、普通教育とは、幅広い分野からなるさまざまな教科のうち、それぞれの基礎的な部分を学ぶ教育です。

私立高校の普通科では、多くの学校で多様なコースや学科を設けています。将来、どんな仕事に就きたいか、まだはっきりしていない場合は、普通科に進むのがよいでしょう。進路選択の幅が大きいのが特徴だからです。

専門学科高校は、工業科、商業科、家政科、看護科、園芸科など。卒業後すぐに就職して活躍できる人材を育てる学校です。現在では、すぐには就職せず、大学や短大をめざす人もいますが、大学受験に関しては、普通科とのカリキュラムの違いで不利になることもあります。

総合学科高校は、一般的学習である普通教育と専門的学習である専門教育を総合的に学ぶ学校です。各教科・科目は選択履修で単位制です。

総合学科高校は、普通教科に関する科目と、専門教科に関する科目（商業系・工業系など）の両方を選択できるのが特徴です。つまり、普通科と専門学科の中間、両方の側面を持っているため、就職にも大学（短大）進学にも対応できます。その選択は2年次への進級時に行いますので、受験時に専門学科高校への迷いがある生徒なら、その選択を1年先送りすることができます。

進学校と大学附属校の違い まずは進路を考える

ここまで述べてきたように、さまざまなタイプの高校があるからこそ、学校を選ぶ前に、まず、高校を卒業したあとの自らの進路を考えることが大切なのです。

そしてもう1つ、進学校か大学附属校か、というタイプの違いがあります。大学を受験するのか、大学には行きたいが大学受験はせず、内部進学の道を選びたいのかも、大切な選択です。

大学への進学は希望するが、どんな大学をめざすかはまだ決まっていないというのならば、幅広い大学から選択でき大学進学に力を入れている進学校を選ぶのがよいでしょう。

大学には進みたいが、ゆとりある高校生活を送りたい、または行きたい大学が決まっていて、附属高校があるのであれば大学附属校に進むとよいでしょう。

なかには進学校と呼ばれているものの、専門学科を設置している総合学科高校もあります。

また、大学附属校でありながら他大学への進学をめざす高校もあります。半進学校や半附属校と呼ばれている学校です。

学校のタイプや性質を、よく調べることの大切さを理解していただけたでしょうか。

1月号の答えと解説

問題

サイコロパズル

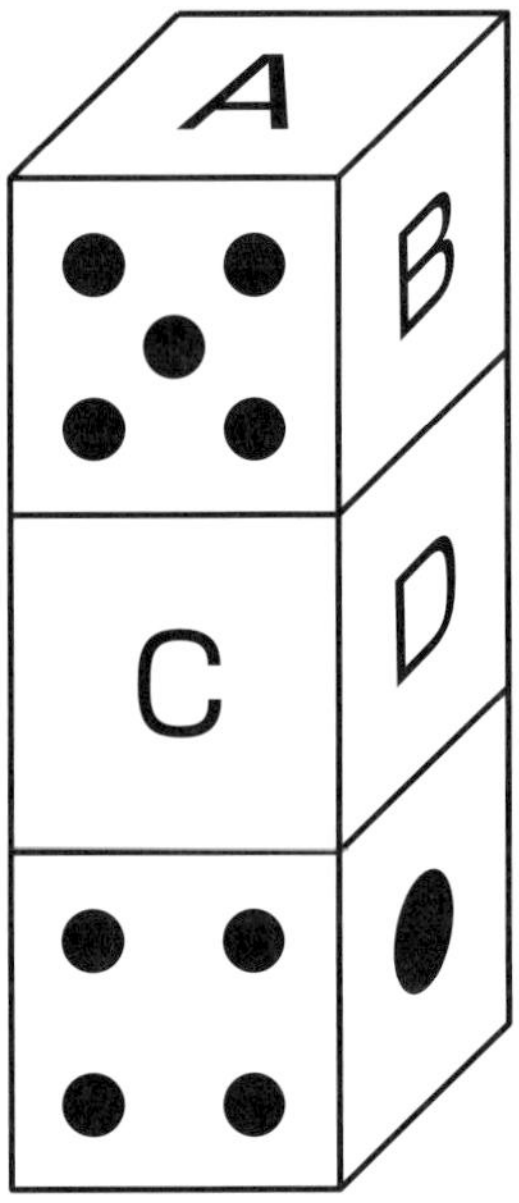

下図のように、3つのサイコロを、1段目と2段目、2段目と3段目の接する面の数の和がそれぞれ8になるようにして積みあげました。このとき、Bの面の数はいくつでしょうか？

ただし、サイコロは3つとも目の配置が同じもので、向かい合った面の和は7になっています。

解答　1 ⚀

解説

図1で、1段目（最下段）のサイコロの⚃の向かいは⚂、⚀の向かいは⚅ですから、1段目の上面（㋐）は、⚁または⚄です。

㋐が⚁のとき、2段目の下面（㋑）は、㋐+㋑＝8より⚅、その向かいの面（㋒）は⚀です。すると、3段目の下面（㋓）は「7」でなくてはいけませんが、サイコロに7の目はないので、適しません。

よって、㋐が⚄。このとき、㋑は⚂で、㋒は⚃です。すると、㋓も⚃になります。よって、Aの面の数は⚂。

さらに、㋐が⚄のとき、1段目のサイコロの目は図2のような配置になっていることがわかります。目の配置は3つとも同じであることから、3段目も⚄の目の周囲は、時計回りに⚃、⚅、⚂、⚀の順に並んでいることになるので、Bの面の数は⚀であることがわかります。

〔図1〕

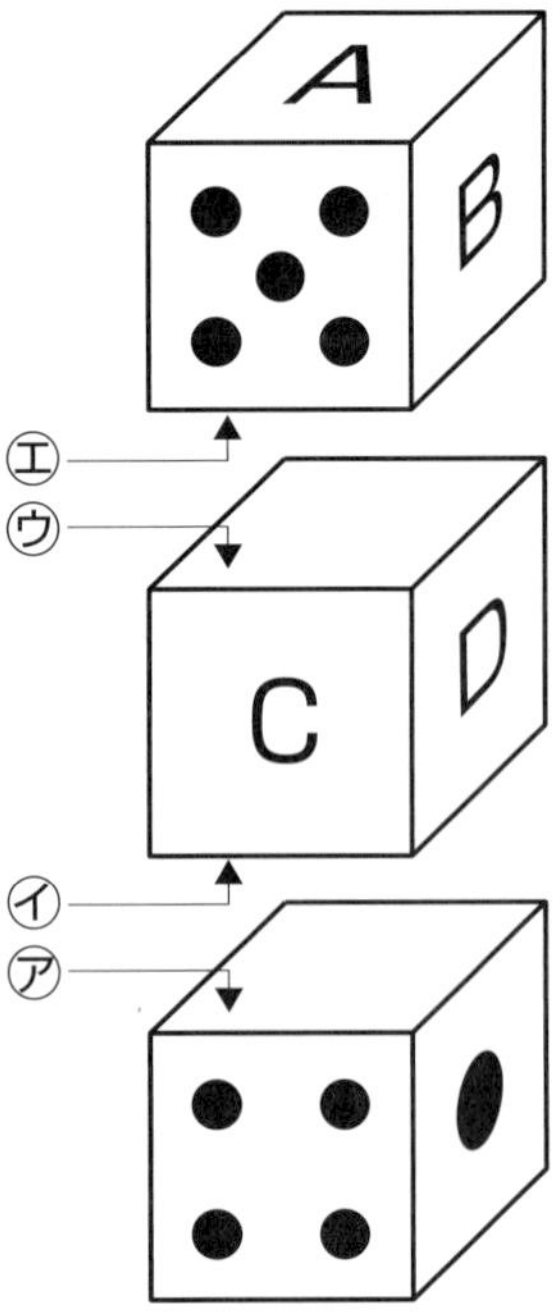

〔図2〕

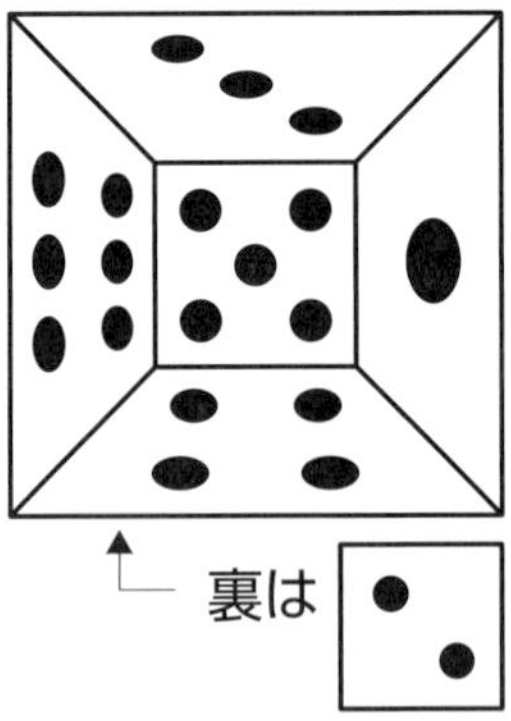

中学生のための

学習パズル

今月号の問題

ワードサーチ

リストにある英単語を、下の枠のなかから探し出すパズルです。単語は、例のようにタテ・ヨコ・ナナメの方向に一直線にたどってください。下から上、右から左へと読む場合もあります。また、1つの文字が2回以上使われていることもあります。パズルを楽しみながら、「**学校生活**」に関する単語を覚えましょう。

最後に、リストのなかにあって、枠のなかにない単語が1つだけありますので、それを答えてください。

S	C	H	O	L	A	R	S	H	I	P	A
F	O	N	G	S	E	N	I	O	R	D	I
E	K	L	A	H	C	A	X	O	N	R	C
A	X	F	C	L	S	J	M	U	O	O	T
Q	R	A	O	A	L	O	E	C	I	S	L
B	E	I	M	P	T	E	R	M	T	S	P
T	C	T	J	I	T	E	C	B	A	E	S
E	N	C	O	C	N	R	G	T	C	F	U
K	A	N	D	N	E	A	H	Y	U	O	B
D	R	X	O	I	D	S	T	A	D	R	J
U	T	M	C	R	U	E	W	I	E	P	E
R	N	L	V	P	T	R	U	B	O	I	C
B	E	T	A	M	S	S	A	L	C	N	T

【単語リスト】

break（小休止・休み時間）	principal（校長）
chalk（チョーク）	professor（教授）
classmate（同級生）	promotion（進級）
coeducation（共学）	scholarship（奨学金）
entrance（入学）	senior（先輩・最上級生）
eraser（消しゴム・黒板消し）	student（学生）
examination（試験）	subject（科目）
lecture（講義）	teacher（教師）【例】
note（メモ・注）	term（学期）

1月号学習パズル当選者

全正解者38名

岩城　燎さん（東京都杉並区・中1）

平　健治さん（東京都西東京市・中2）

木下　真弓さん（埼玉県越谷市・中2）

応募方法

●必須記入事項

01　クイズの答え
02　住所
03　氏名（フリガナ）
04　学年
05　年齢
06　右のアンケート解答

◎すべての項目にお答えのうえ、ご応募ください。
◎ハガキ・FAX・e-mailのいずれかでご応募ください。
◎正解者のなかから抽選で3名の方に図書カードをプレゼントいたします。
◎当選者の発表は本誌2014年5月号誌上の予定です。

●下記のアンケートにお答えください。

A今月号でおもしろかった記事とその理由
B今後、特集してほしい企画
C今後、取り上げてほしい高校など
Dその他、本誌をお読みになっての感想

◆2014年3月15日（当日消印有効）

◆あて先

〒101-0047　東京都千代田区内神田2-4-2
グローバル教育出版　サクセス編集室
FAX：03-5939-6014
e-mail:success15@g-ap.com

桐《とう》朋《ほう》高等学校

東京都国立市中3-1-10
JR中央線「国立駅」・南武線「谷保駅」徒歩15分
042-577-2171
http://www.toho.ed.jp/

問題

1辺の長さが1の立方体ABCD－EFGHがある。3点B，D，Eを通る平面をPとし，平面Pと平行な平面Qでこの立方体を切る。

(1)　点Aと平面Pとの距離を求めよ。

(2)　点Aと平面Qとの距離が$\frac{\sqrt{3}}{9}$のとき，切り口の図形の面積を求めよ。

(3)　辺BC上にBI：IC＝1：3となるように点Iをとる。平面Qが点Iを通るとき，次のものを求めよ。

①点Aと平面Qとの距離

②平面Qで分けられた2つの立体のうち，頂点Aをふくむほうの立体の体積

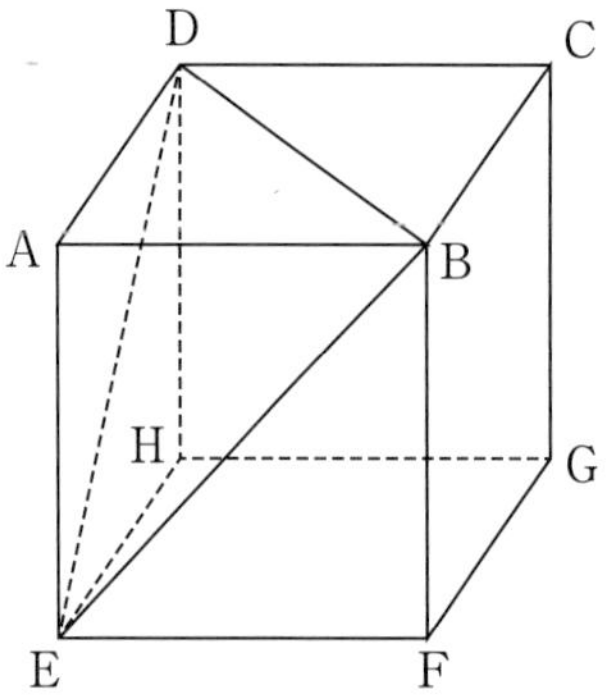

解答　(1) $\frac{\sqrt{3}}{3}$　(2) $\frac{\sqrt{3}}{18}$　(3) ① $\frac{5\sqrt{3}}{12}$　② $\frac{61}{192}$

日《に》本《ほん》大《だい》学《がく》櫻《さくら》丘《がおか》高等学校

東京都世田谷区桜上水3-24-22
京王線「桜上水駅」・京王線・東急世田谷線「下高井戸駅」徒歩10分
03-5317-9300
http://www.sakura.chs.nihon-u.ac.jp/

問題

右の図のような2つの放物線$y=ax^2$と$y=-ax^2$（aは正）があり，$y=ax^2$の上に点P（4，6）がある。またy軸上に点Q（0，6），$y=-ax^2$上に点R，Sがあり，四角形PQRSは平行四辺形である。

このとき，次の各問について[　]にあてはまる数値を求めなさい。

(1)　aの値を求めると$a=\frac{[ア]}{[イ]}$である。

(2)　Sの座標を求めるとS（[ウ]，$-\frac{[エ]}{[オ]}$）である。

(3)　2点Q，Sを通る直線が$y=-ax^2$と交わる点のうち，Sでない方の座標を求めると（[カ]，－[キ][ク]）である。

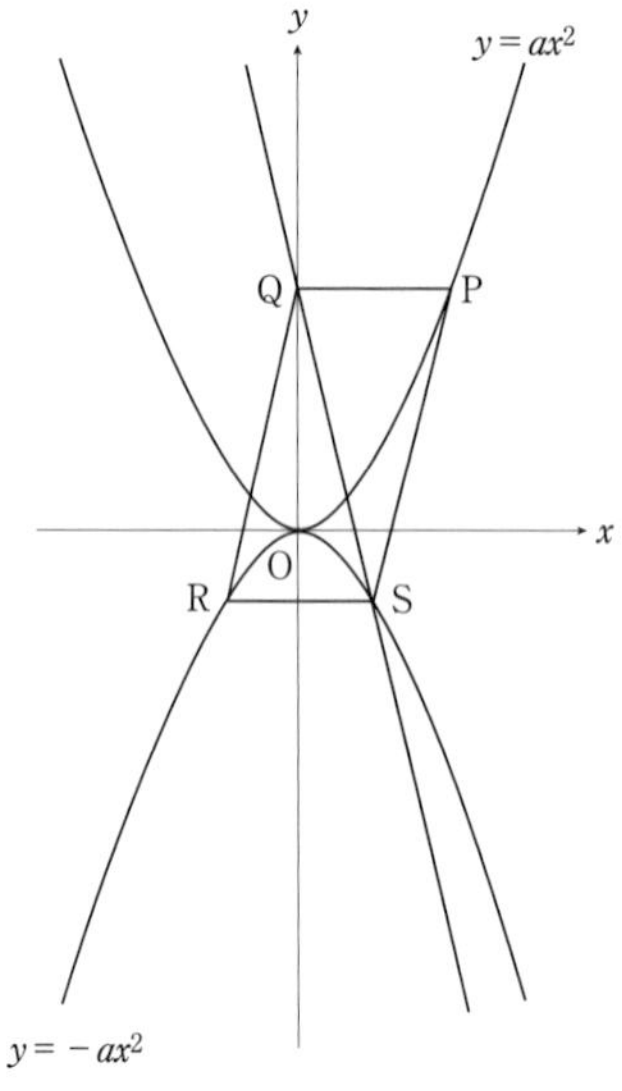

解答　(1) ア：3，イ：8　(2) ウ：2，エ：3，オ：2　(3) カ：8，キ：2，ク：4

私立高校の入試問題

市《いち》川《かわ》高等学校

千葉県市川市本北方2-38-1

京成線「鬼越駅」徒歩20分、JR総武線・都営地下鉄新宿線「本八幡駅」・JR武蔵野線「市川大野駅」バス

047-339-2681

http://www.ichigaku.ac.jp/

問題

下の図のように，半径１の円Oがあり，４本の弦EH，FK，GJ，ILが点A，B，C，Dで交わっている。このとき，次の問いに答えなさい。

(1) △AFH∽△AEKであることを証明しなさい。

(2) EA＝AB＝BH，FA＝AD＝DK，GB＝BC＝CJ，IC＝CD＝DLであるとき，四角形ABCDの面積を求めなさい。

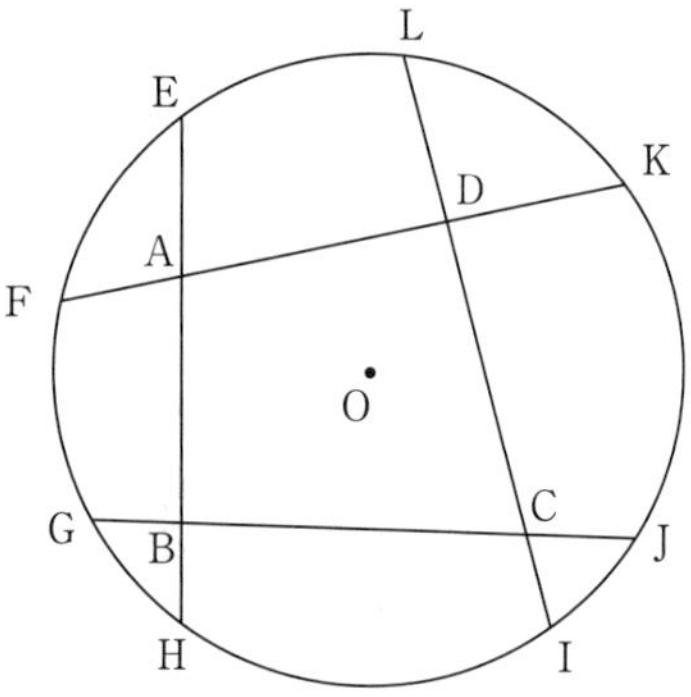

解答

(1) △AFHと△AEKにおいて，
対頂角は等しいから，
∠FAH＝∠EAK ………①
弧EFに対する円周角は等しいから，
∠AHF＝∠AKE ………②
①，②より，2組の角がそれぞれ等しいから，
△AFH∽△AEK

(2) $\frac{2}{5}$cm²

相《さ》模《がみ》女《じょ》子《し》大《だい》学《がく》高等部

神奈川県相模原市南区文京2-1-1

小田急線「相模大野駅」徒歩10分

042-742-1442

http://www.sagami-wu.ac.jp/chukou/

問題

図のように，長方形は３本の直線によって，最大で７つの部分に分けることができる。

次の問いに答えなさい。

(1) ４本の直線によって分けられる部分の最大の個数を求めなさい。

(2) 分けられる部分が初めて50を超えるときの直線の本数を求めなさい。

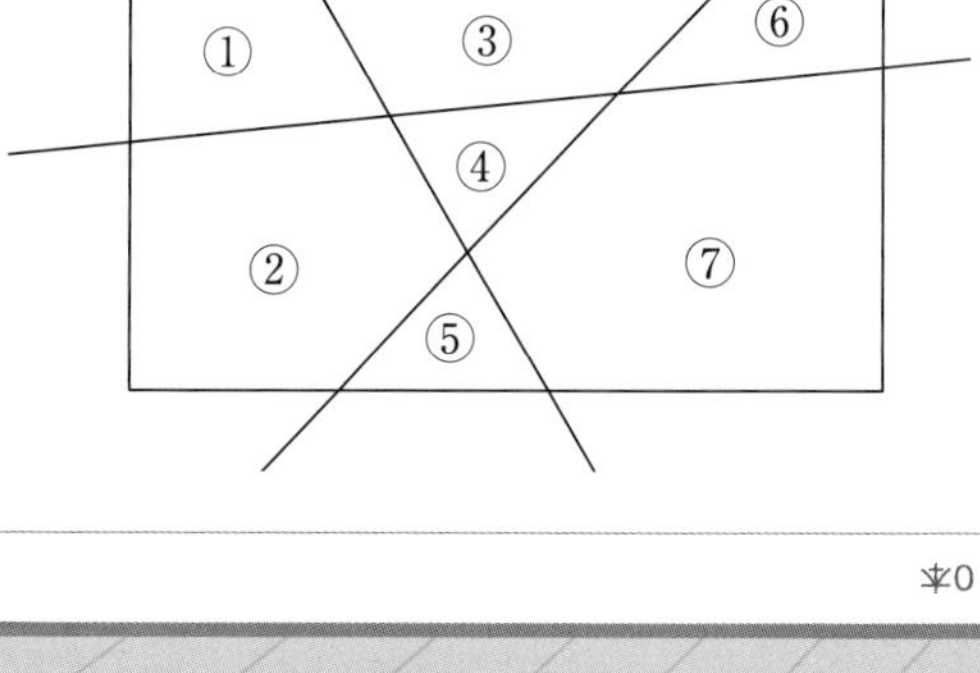

解答 (1) 11個　(2) 10本

お便りコーナー

サクセス広場

教えて!お年玉の使い道

来年は受験なんだからと、親に**参考書**を買わされました。本当はマンガを買いたかったのに…。
(中2・J.Kさん)

部活で使う新しい**スパイク**を買いました。これでレギュラーになれる…はず。
(中2・スーパーストライカーさん)

じつはいま**ボードゲーム**にはまっていて、お年玉でもいくつか買いました！　いろんな種類があって集めるのが楽しいです。
(中1・でも箱がかさばるさん)

冬休みに友だちとディズニーランドに行きました！　お年玉を持っていったので、**ポップコーン**を3回もおかわりしちゃいました！
(中2・ぽっぷんさん)

ほしかった**マンガ**を全巻そろえました！　持って帰るのは大変だったけど、とっても幸せです。
(中1・まんが大好きさん)

堅実に**貯金**しました。高校は私服の学校に行きたいと思っているので、高校生になったら貯めたお金で好きな服を買いに行きたいです。
(中3・109さん)

冬の楽しみと言えば?

お風呂!　冬はよく家族と近所のスーパー銭湯に行きます。露天風呂やサウナもあって、気持ちいいんだ〜極楽、極楽。
(中2・冬冬さん)

あったか〜い部屋で**アイス**を食べる！（中1・バニラさん)

毎年家族で**スキー**に行きます。そのかいあって、学校であったスキー合宿でもすごく上手に滑れました！
(中2・スノボさん)

コタツで寝ること。こんな寒い季節に楽しみなんてそれしかない！　外が寒ければ寒いほど幸せを感じます！
(中1・そして風邪をひくさん)

毎朝通学時に**霜柱**を踏むこと！　踏んだときのシャリシャリした感じがおもしろくてやみつきです。
(中2・さいたま寒いさん)

鍋でしょ。ぼくは寄せ**鍋**が好きです。毎日鍋でもいいのになぁ。
(中2・食っちゃ寝食っちゃ寝さん)

雪遊び!　東京はたまにしか降らないけど、降ったときはテンションがあがります。
(中1・雪だるまさん)

最近食べたおいしいもの

焼き芋!　母が買ってきたんですが、炭火焼きで甘くて美味しく、また食べたいです！
(中2・まゆまゆさん)

毎年年末は、祖父の家で餅つきをしています。つきたての**お餅**最高！
(中1・ぺったんこさん)

おせち料理の**数の子**です。これまでは食わず嫌いだったんだけど、ひと口食べて、これまで食べなかったことを激しく後悔…。
(中2・数の子マニアさん)

カニ!　冬に毎年おじいちゃんがカニを送ってくれます。おじいちゃんの孫でよかった…。
(中1・タラバさん)

いただきものの高級**みかん**。普通のみかんと思いきや、超うま。
(中2・W.Aさん)

必須記入事項

A／テーマ、その理由　B／住所　C／氏名
D／学年　E／ご意見、ご感想など

ハガキ、FAX、メールを下記までどしどしお寄せください!
住所・氏名は正しく書いてください!!
ペンネームは氏名のうしろに(　)で書いてネ!
【例】サク山太郎(サクちゃん)

あて先

〒101-0047　東京都千代田区内神田2-4-2
グローバル教育出版　サクセス編集室
FAX:03-5939-6014
e-mail:success15@g-ap.com

募集中のテーマ

「新学期、楽しみなことは?」
「きみの名前の由来教えて!」
「いままでで一番の冒険は?」

応募〆切 2014年3月15日

ここにメールしてね!!

success15

ケータイから上のQRコードを読み取り、メールすることもできます。

掲載されたかたには抽選で図書カードをお届けします!

掲載にあたり一部文章を整理することもございます。個人情報については、図書カードのお届けにのみ使用し、その他の目的では使用いたしません。

Event

春を呼ぶ小石川後楽園 黄門様のお庭で梅まつり

2月8日(土)～3月2日(日)
小石川後楽園

写真提供：公益財団法人東京都公園協会

咲きほころぶ梅の花に ひと足早い春を感じよう

小石川後楽園は、江戸時代初期に水戸徳川家の屋敷内に作られた日本庭園で、黄門様・水戸光圀公ゆかりの庭園としても親しまれている。園内には約90本の紅梅・白梅の梅林があり、見ごろの季節にはあたり一面が梅の花のやさしい香りで満ちあふれる癒しスポットになる。梅まつりの期間は水戸の名産品・軽飲食の販売などさまざまな催しが行われる。黄門様の衣装を着て記念撮影ができるコーナーもあるよ。

Art

森美術館10周年記念展 アンディ・ウォーホル展:永遠の15分

2月1日(土)～5月6日(火・祝)
森美術館

アンディ・ウォーホル《マリリン・モンロー(マリリン)》1967年 紙にスクリーンプリント91.4×91.4cm アンディ・ウォーホル美術館蔵
©2014 The Andy Warhol Foundation for the Visual Arts, Inc. / Artists Rights Society (ARS), New York Marilyn Monroe™; Rights of Publicity and Persona Rights: The Estate of Marilyn Monroe, LLC marilynmonroe.com

ミスター・ポップ・アート 国内史上最大の回顧展

ポップ・アートの旗手として有名なアメリカの芸術家、アンディ・ウォーホル。「キャンベル・スープ缶」などの日用品を主題としたシリーズや「スターの肖像」シリーズなどのシルクスクリーンによる作品はみんなも目にしたことがあるんじゃないかな。この展覧会は、20世紀後半を代表するアーティストと呼ばれるウォーホルの作品を、初期から晩年まで包括的に紹介する、日本では過去最大となる回顧展だ。

Event

第29回 江戸流しびな

3月2日(日)
吾妻橋親水テラス及び隅田公園内

願いごとを人形に託す 春の訪れを告げる伝統行事

「流しびな」という行事を知っているかな？

平安時代中期が起源と言われている日本の伝統行事で、子どもの災厄を紙や草木で作った人形（ひとがた）に託して、川や海に流し祓《はら》い浄めることで、無病息災を願うものだ。第29回を迎える「江戸流しびな」は、隅田川で行われる流しびなで、浅草の春の風物詩として多くの人でにぎわう。隅田公園内の親水テラスからは願いを託した人形を流すこともできるよ。

サクセス イベントスケジュール
2月～3月
世間で注目のイベントを紹介

梅の花

桜の花よりもひと足早く、2月ごろから咲き始める梅の花。「花見」とは桜の花だけど、奈良時代以前は「花」といえば梅のことをさすことが多かったんだ。白やピンクの丸い花びらが咲く様子はなんとも可憐でかわいらしく、春の訪れを感じて嬉しくなるね。

Art

日本美術院再興100年 特別展 世紀の日本画

【前期】1月25日(土)～2月25日(火)
【後期】3月1日(土)～4月1日(火)　東京都美術館

比叡山 速水御舟 大正8年(1919) 東京国立博物館蔵 Image:TNM Image Archives (後期展示)

近代日本画の 名作が集結！

上野の東京都美術館で、近代日本画を堪能できる特別展が開催中だ。出展作品のなかには、美術の教科書に載っているような有名な絵も多く、重要文化財6点を含むおよそ120点というボリュームで構成され、前後期で作品がすべて入れ替わるという贅沢《ぜいたく》さが魅力。狩野芳崖、横山大観、菱田春草、安田靫彦、小林古径、前田青邨、平山郁夫ら近代日本画の巨匠たちの作品を見ることができる貴重な機会となっている。

Event

フォト・ヨコハマ2014

1月～3月
横浜市内の集客施設(パシフィコ横浜、三溪園ほか)文化施設(横浜美術館、日本新聞博物館ほか)など

横浜 PHOTO YOKOHAMA フォト・ヨコハマ2014

横浜をもっと楽しむ 写真の国際イベント

横浜で開催中の、写真をテーマとした楽しいイベント、「PHOTO YOKOHAMA 2014」。今年で4回目となる、写真を通じた産業と文化の融合イベントの総称だ。1～3月にかけて、横浜市内の各所では、写真展などさまざまな写真や映像にかかわるパートナーイベントが開催され、「フォトジェニックな街、ヨコハマ」を盛りあげている。どんなイベントがあるかHPをチェックしてみよう！（http://www.photoyokohama.com/）

Art

ブリヂストン美術館コレクション展 画家の目、彫刻家の手

1月18日(土)～4月13日(日)
ブリヂストン美術館

エドガー・ドガ《踊りの稽古場にて》1895-98年

「絵画」と「彫刻」 それぞれの特徴が際立つ

平面に描かれた絵画と、立体的な彫刻。どちらも美術における重要な表現手法だ。「画家の目、彫刻家の手」では、異なる魅力を持つ絵画と彫刻をあわせて見ることで、それぞれの特徴をより楽しむことができる。エドガー・ドガやギュスターヴ・モロー、オーギュスト・ロダンなど、同館コレクションから絵画と彫刻、合計160点を紹介している。美術作品を、ちょっと視点を変えて見てみたい人におすすめだ。

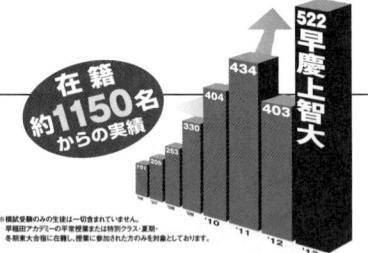

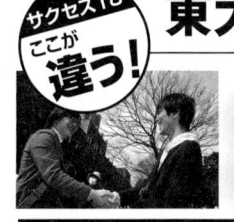

大学受験も 早稲田アカデミー Success18

中3生 必見!!

難関大受験のスタートは 早稲田アカデミー Success18で

現役生難関大受験専門塾サクセスエイティーン

新高1春期講習会 無料

さあ、4月からは憧れの高校1年生。

期間				
第1ターム	3/1(土)▶3/21(祝)		第3ターム	3/26(水)▶3/29(土)
第2ターム	3/22(土)▶3/25(火)		第4ターム	3/31(月)▶4/3(木)

※第1タームは、校舎によって授業実施日が異なります。

最大24時間の講習会が無料で受講できます

早稲田アカデミーの大学受験部門であるサクセス18では、「私語の無い緊張感のある授業」「少人数制で発問重視の授業スタイル」「復習型の丁寧な講義」など、**早稲アカ伝統のスタイル**で、高校生のみなさんを強力にバックアップします。これから高校生になるみなさんがスムーズに高校生活のスタートを切ることが出来るように、サクセス18では**最大24時間を無料で受講できる春期講習会**をご用意しています。進度の速い高校のカリキュラムをきちんと理解しながら学習を進めていくためにも、早稲田アカデミーサクセス18で一足早いスタートを切りましょう。

Coming Soon

～東大・医学部・ハーバードに一番近い新高校1年生のための英語塾～

早稲田アカデミー Success18 TW Booster

「東大・医学部・ハーバードに一番近い英語塾」を掲げる「早稲田アカデミーIBS」。開講わずか2年で「小1で英検準1級合格」、「5歳で2級合格」の実績を出してきました。そのノウハウを凝縮した新コース「TW Booster」がいよいよ2014年春スタートします。コンセプトは「受験英語を超える英語脳の開発」。1年で準1級を目指します。3年後の「東大・ハーバード ダブル合格」も射程に!

IBSコース 2013年度英検合格実績（第一回・第二回の結果です）

5歳・小1 合格者含む　高校修了レベル　2級 10 名合格!

小1 合格者含む　高校中級レベル　準2級 21 名合格!

新高1 親子で聞く 東大 現役合格 セミナー 東大合格メソッド 無料 ネット・携帯で簡単申込み!!

2/23(日)　時間▶13:30～15:00　会場▶サクセス18渋谷校

希望者対象　・東大現役合格専門コース入会相談会　・東大・ハーバードW合格コース入会相談会

■【一部】：東大の入試を徹底分析
■【二部】：東大現役合格者の合格体験談
■【三部】：グローバル化／英語教育改革

高校生対象

医学部 現役合格

医学部受験専門エキスパート講師が生徒が解けるまでつきっきりで指導する! だから最難関の医学部にも現役合格できる!

医学部という同じ目標を持つ仲間と切磋琢磨!
現役合格は狭き門。入試でのライバルは高卒生。

一部の高校を除き、医学部志望者がクラスに多数いることは非常に稀です。同じ目標を持つ生徒が集まる野田クルゼの環境こそが、医学部現役合格への厳しい道のりを乗り越える原動力となります。

また、医学部受験生の約70%は高卒生です。現役合格のためには早期からしっかりとした英語、数学の基礎固めと、理科への対応が欠かせません。

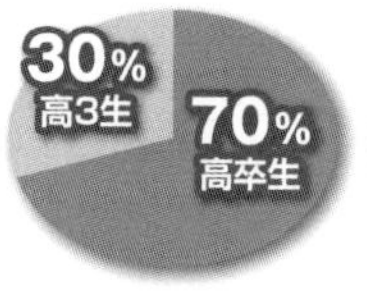

■医学部受験生の割合

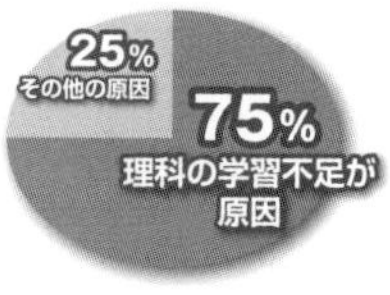

■現役合格を逃した原因

- Point 1　一人ひとりを徹底把握　**目の行き届く少人数指導**
- Point 2　医学部専門の　**定着を重視した復習型の授業**
- Point 3　受験のエキスパート　**東大系主力講師陣**
- Point 4　いつでも先生が対応してくれる　**充実の質問対応と個別指導**
- Point 5　推薦・AO入試も完全対応　**経験に基づく万全の進路指導**
- Point 6　医学部の最新情報が全て集結　**蓄積している入試データが桁違い**

“個別指導”だからできること × “早稲アカ”だからできること

- 難関校にも対応できる
- 弱点を集中的に学習できる
- 最終授業が20時から受けられる
- 早稲アカのカリキュラムで学習できる

広がる早稲田アカデミー個別指導ネットワーク

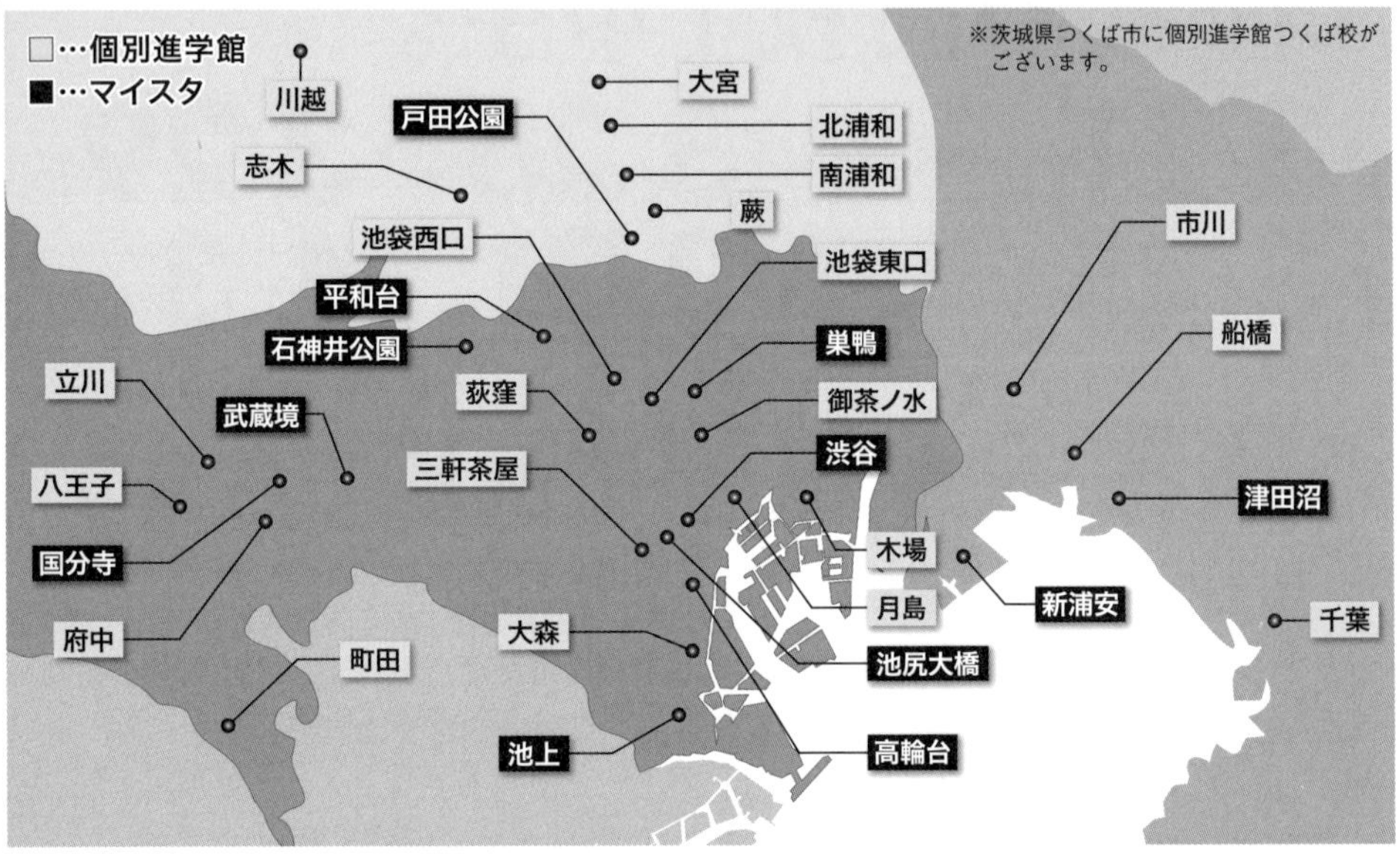

悩んでいます… 新中1

クラブチームに所属しているので、近くの早稲アカに通いたいのに全科目どうしても曜日が合いません。

解決します!

早稲アカの個別指導なので、早稲アカのカリキュラムに完全に準拠した学習が可能です。早稲アカに通う中1生と同じテストも受験できるので、成績の動向を正確に把握することも、競争意識を高められるのも大きな魅力です。

悩んでいます… 新中2

受験学年直前！未消化の単元もあるのに、新出単元も難しくて不安…。

解決します!

中2のこの時期、どの科目の新出単元も難しいものが多くなってきます。早稲アカの個別指導では、カリキュラムを一人ひとりに合わせてカスタマイズし授業を行います。未定着の単元を残さず、受験学年を迎えましょう！

悩んでいます… 新中1 新中2

3月の難関チャレンジ公開模試に向けて弱点を対策しておきたい！

解決します!

早稲アカの個別指導なので、難易度の高い問題への対策を行うことができます。早稲アカ各種テストの対策ができるのも早稲アカ個別指導の特徴です。通常の授業に加え、ピンポイントで授業回数を増加することの可能です。

マイスタは2001年に池尻大橋教室・戸田公園教室の2校でスタートし、個別進学館は2010年の志木校の1校でスタートした、早稲田アカデミーの個別指導ブランドです。お子様の状況に応じて受講時間・受講科目が選べます。また、早稲田アカデミーの個別指導なので、集団授業と同内容を個別指導で受講することができます。マイスタは1授業80分で1:1または1:2の指導形式です。個別進学館は1授業90分で指導形式は1:2となっています。カリキュラムなどはお子様の学習状況、志望校などにより異なってきます。お気軽にお近くの教室・校舎にお問い合わせください。

新規開校 早稲田アカデミー 個別進学館 **北浦和校・千葉校** 新入生受付中!

小・中・高 全学年対応／難関受験・個別指導・人材育成

早稲田アカデミー個別進学館

WASEDA ACADEMY KOBETSU SCHOOL

新入塾生 受付中!

お問い合わせ・お申し込みは最寄りの個別進学館各校舎までお気軽に!

池袋東口校 03-3971-1611	池袋西口校 03-5992-5901	御茶ノ水校 03-3259-8411	荻窪校 03-3220-0611
北浦和校 048-822-6801	千葉校 043-302-5811	大森校 03-5746-3377	月島校 03-3531-3860
三軒茶屋校 03-5779-8678	木場校 03-6666-4222	町田校 042-720-4331	府中校 042-314-1222
八王子校 042-642-8867	立川校 042-548-0788	大宮校 048-650-7225	南浦和校 048-882-5721
志木校 048-485-6520	蕨　校 048-444-3355	川越校 049-277-5143	市川校 047-303-3739
船橋校 047-411-1099	つくば校 029-855-2660		

MYSTA 早稲田アカデミー 個別指導マイスタ

新入塾生 受付中!

お問い合わせ・お申し込みは最寄りのMYSTA各教室までお気軽に!

渋谷教室 03-3409-2311	池尻大橋教室 03-3485-8111	高輪台教室 03-3443-4781
池上教室 03-3751-2141	巣鴨教室 03-5394-2911	平和台教室 03-5399-0811
石神井公園教室 03-3997-9011	武蔵境教室 0422-33-6311	国分寺教室 042-328-6711
戸田公園教室 048-432-7651	新浦安教室 047-355-4711	津田沼教室 047-474-5021

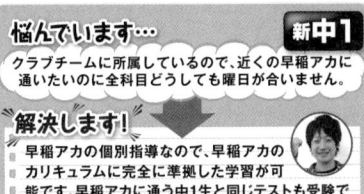

Success15 Back Number

2014 2月号

勉強から不安解消まで
先輩たちの受験直前体験談
合格祈願グッズ

SCHOOL EXPRESS
開成

Focus on
千葉県立千葉

2014 1月号

冬休みの勉強法
和田式ケアレスミス撃退法
直前期の健康維持法

SCHOOL EXPRESS
早稲田大学本庄高等学院

Focus on
埼玉県立大宮

2013 12月号

東京大学ってこんなところ
東大のいろは
「ゆる体操」でリラックス

SCHOOL EXPRESS
早稲田大学高等学院

Focus on
埼玉県立浦和第一女子

2013 11月号

教えて大学博士！
なりたい職業から学部を考える
学校カフェテリアへようこそ

SCHOOL EXPRESS
慶應義塾志木

Focus on
千葉県立東葛飾

2013 10月号

模試を有効活用して
合格を勝ち取る！
中1・中2　英・国・数

SCHOOL EXPRESS
桐朋

Focus on
神奈川県立川和

2013 9月号

SSHの魅力に迫る！
東京歴史探訪

SCHOOL EXPRESS
法政大学第二

Focus on
東京都立立川

2013 8月号

現役高校生に聞いた！
中3の夏休みの過ごし方
自由研究のススメ

SCHOOL EXPRESS
中央大学附属

Focus on
埼玉県立浦和

2013 7月号

学校を選ぼう
共学校・男子校・女子校のよさを教えます！
使ってナットク文房具

SCHOOL EXPRESS
栄東

Focus on
神奈川県立横浜翠嵐

2012 6月号

今年出た！ 高校入試の
記述問題にチャレンジ
図書館で勉強しよう

SCHOOL EXPRESS
青山学院高等部

Focus on
東京都立国立

2013 5月号

難関校に合格した
先輩たちの金言
英語で読書

SCHOOL EXPRESS
山手学院

Focus on
東京都立戸山

2013 4月号

早大生、慶大生に聞いた
早稲田大学・慶應義塾大学
学校クイズ

SCHOOL EXPRESS
東邦大学付属東邦

Focus on
千葉市立千葉

2013 3月号

みんなの視野が広がる！
海外修学旅行特集
部屋を片づけ、頭もスッキリ

SCHOOL EXPRESS
早稲田実業学校

Focus on
東京都立日比谷

2013 2月号

これで安心
受験直前マニュアル
知っておきたい2013こんな年！

SCHOOL EXPRESS
城北埼玉

Focus on
神奈川県立横浜緑ヶ丘

2013 1月号

冬休みにやろう！
過去問活用術
お守りに関する深イイ話

SCHOOL EXPRESS
中央大学

Focus on
埼玉県立越谷北

2012 12月号

大学キャンパスツアー特集
憧れの大学を見に行こう！
高校生になったら留学しよう

SCHOOL EXPRESS
筑波大学附属駒場

Focus on
東京都立青山

2012 11月号

効果的に憶えるための
9つのアドバイス
特色ある学校行事

SCHOOL EXPRESS
成城

Focus on
神奈川県立柏陽

2012 10月号

専門学科で深く学ぼう
数学オリンピックに
挑戦!!

SCHOOL EXPRESS
日本大学第二

Focus on
東京都立両国

これより前のバックナンバーはホームページでご覧いただけます（http://success.waseda-ac.net/）

サクセス15 バックナンバー 好評発売中!

How to order バックナンバーのお求めは

バックナンバーのご注文は電話・FAX・ホームページにてお受けしております。詳しくは80ページの「information」をご覧ください。

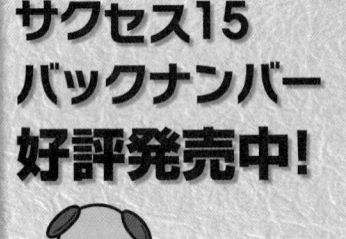

さくいん

＜コーナー名＞

＜本文中記事＞

Success15 3月号

編集後記

今月号の特集では高校生の個人研究や卒業論文を取りあげました。紹介した3校とも魅力ある取り組みを行っていますし、生徒のみなさんの研究テーマは本当にさまざまなので、テーマ一覧を眺めているだけでも楽しいですよ。

もう1つの特集は理系知識を活かせるコンテストです。私は小学生のころから理系が苦手でその意識を持ったまま成長してしまいました。もっと積極的に取り組んでいたら違う人生があったかも…と思うこともしばしば。ですから、理系が得意な人はもちろん、苦手な人にこそこうしたコンテストに挑戦してもらいたいです。新しい自分を発見できるかもしれません。（T）

Next Issue 4月号は…

Special 1

勉強も部活もすごい!!

文武両道の学校特集

Special 2

水族館・動物園などの

バックヤードツアー

School Express

慶應義塾高等学校

Focus on 公立高校

東京都立駒場高等学校

サクセス編集室お問い合わせ先

TEL 03-5939-7928
FAX 03-5939-6014

高校受験ガイドブック2014 3 サクセス15

発行　2014年2月15日　初版第一刷発行
発行所　株式会社グローバル教育出版
〒101-0047 東京都千代田区内神田2-4-2
TEL　03-3253-5944
FAX　03-3253-5945
http://success.waseda-ac.net
e-mail　success15@g-ap.com
郵便振替　00130-3-779535
編集　サクセス編集室
編集協力　株式会社 早稲田アカデミー

Information

『サクセス15』は全国の書店にてお買い求めいただけますが、万が一、書店店頭に見当たらない場合は、書店にてご注文いただくか、弊社販売部、もしくはホームページ（左記）よりご注文ください。送料弊社負担にてお送りします。定期購読をご希望いただく場合も、上記と同様の方法でご連絡ください。

Opinion, Impression & etc

本誌をお読みになられてのご感想・ご意見・ご提言などがありましたら、ぜひ当編集室までお声をお寄せください。また、「こんな記事が読みたい」というご要望や、「こういうときはどうしたらいいの」といったご質問などもお待ちしております。今後の参考にさせていただきますので、よろしくお願いいたします。